Perang Rohani

Matthew V.

Published by Mary Joanne R., 2025.

PERANG ROHANI

First edition. July 26, 2025.

ISBN: 979-8231905577

Written by Matthew V..

Daftar Isi

ISI

Pendahuluan

Alkitab memperingatkan kita dengan jelas bahwa Iblis datang untuk mencuri, membunuh dan membinasakan. (Yohanes 10:10) Petrus juga memperingatkan orang-orang Kristen, "Sadarlah dan berjaga-jagalah! Lawanmu, si Iblis, berjalan keliling sama seperti singa yang mengaum-aum dan mencari orang yang dapat ditelannya. (1 Petrus 5:8) Dan juga dinyatakan dalam Wahyu 12:17, "Maka marahlah naga itu kepada perempuan itu, lalu pergi memerangi keturunannya yang lain, yang menuruti hukum-hukum Allah dan memiliki kesaksian Yesus."

Banyak orang Kristen yang tidak tahu bahwa mereka sedang berada dalam peperangan di dunia ini. Beberapa orang Kristen percaya bahwa jika mereka tidak mengganggu musuh, maka musuh tidak akan mengganggu mereka. Musuh tidaklah selembut itu, teman. Jika orang Kristen tidak melawan, musuh dapat dengan mudah mengalahkan mereka. Ini sama sekali bukan lelucon! Tidak peduli apakah kita bertarung atau tidak, musuh akan tetap berusaha membuat anak-anak Allah kehilangan iman mereka kepada Allah. Mereka akan berusaha menekan tombol kelemahan anak-anak Tuhan sehingga mereka meninggalkan iman mereka.

Sejak saya masih kecil, penglihatan rohani saya telah terbuka, tetapi saya tidak mengerti tentang hal itu pada saat itu. Dan sungguh saya menerima banyak mimpi dan penglihatan dari Tuhan, tetapi saya tidak membaginya dengan publik. Saya menyimpannya untuk diri saya sendiri. Saya tidak pernah tahu bahwa saya perlu membagikannya kepada publik. Tetapi kemudian Tuhan membuat saya mengerti ketika saya menerima sebuah penglihatan di mana saya melihat Dia berada di tengah sungai dan memberi makan ikan-ikan yang mengelilingi-Nya. Airnya begitu bersih. Kemudian Yesus meminta saya untuk memberi makan ikan-ikan-Nya hanya di satu tempat. Saya hanya menuruti perkataan-Nya. Saya kemudian mengerti bahwa makna dari memberi makan ikan adalah untuk membagikan pengalaman rohani saya dengan Tuhan Yesus kepada orang-orang. Dan itulah yang saya lakukan sekarang.

Alkitab mengatakan bahwa orang-orang Kristen akan dianiaya pada hari-hari terakhir ini, dan hal ini sedang terjadi di seluruh dunia. Yesus berkata dalam Yohanes 15:18-19, "Jikalau dunia membenci kamu, ingatlah bahwa ia telah lebih dahulu membenci Aku dari pada kamu. Sekiranya kamu dari dunia, tentulah dunia mengasihi kamu sebagai miliknya. Tetapi karena kamu bukan dari dunia, melainkan Aku telah memilih kamu dari dunia, sebab itulah dunia membenci kamu." "Jikalau mereka telah menganiaya Aku, mereka juga akan menganiaya kamu." (Yohanes 15:20) Oleh karena itu, tidak mengherankan jika orang percaya yang telah dilahirkan kembali dan berjalan di jalan Tuhan akan menghadapi penganiayaan, tantangan, dan serangan dari musuh. Namun, kita tidak perlu khawatir memikirkan hal ini. Kita harus merenungkan firman Tuhan dan menanggapinya sesuai dengan situasi dan kondisi kita.

Berfirmanlah Tuhan kepada Yosua: "Janganlah takut kepada mereka, sebab Aku menyerahkan mereka kepadamu. Tidak seorang pun dari mereka yang akan dapat bertahan menghadapi engkau." (Yosua 10:8) Juga tertulis dalam Lukas 10:19, "Sesungguhnya Aku telah memberikan kuasa kepada kamu untuk menginjak ular dan kalajengking dan kuasa untuk menahan kekuatan musuh, sehingga tidak ada yang akan membahayakan kamu." Berdasarkan ayat ini, kita tahu bahwa Tuhan adalah pelindung dan pembela kita. Tuhan adalah perisai kita. Dialah yang menjamin keselamatan kita. Kita tidak perlu takut akan apa pun. "Malapetaka tidak akan menimpa kamu, dan tulah tidak akan mendekat kepada kemahmu." (Mazmur 91:10) Kita, orang-orang percaya, dipenuhi dengan Roh Kudus. Tidak ada yang jahat yang dapat menyentuh kita karena Tuhan menyertai kita. 1 Yohanes 4:4 mengingatkan kita, "Kamu berasal dari Allah, anak-anakku, dan kamu telah mengalahkan nabi-nabi palsu itu; sebab Roh yang ada di dalam kamu, lebih besar dari pada roh yang ada di dalam dunia." Haleluya!

Tiga Musuh Umum Jiwa Kita

Sebelum kita sepenuhnya terlibat dalam peperangan rohani, kita harus memahami siapa yang kita hadapi. Mengapa dia menjadi musuh kita? Bagaimana musuh beroperasi? Kita harus mengetahui skema dan strateginya. Apa taktiknya, dan bagaimana kita dapat mengalahkannya? Bagaimana kita menghentikan pekerjaan musuh sebelum mereka menghentikan kita?

Berikut ini adalah tiga musuh umum jiwa kita. Setiap orang Kristen harus berperang secara rohani melawan tiga musuh yang berusaha memperbudak kita: dunia, kedagingan, dan iblis.

Ketika saya mengatakan dunia, saya tidak berbicara tentang ciptaan Allah, yaitu dunia. Saya berbicara tentang masyarakat yang berkuasa yang mengendalikan dunia. Merekalah yang mengendalikan semua sistem duniawi. Sistem duniawi tidak peduli dengan Tuhan. Banyak orang telah jatuh ke dalam perangkap dengan mengikuti sistem duniawi tanpa berpikir panjang. Alih-alih menaruh kepercayaan mereka kepada Tuhan, mereka justru menaruh kepercayaan mereka kepada hal-hal buatan manusia. Mereka harus keluar dari seluruh sistem duniawi ini sebelum terlambat.

Musuh kedua adalah daging. "Daging" mengacu pada sifat alami kita yang telah jatuh dan mementingkan diri sendiri (manusia lama), yang memiliki kecenderungan alami untuk berbuat dosa. Kita sebagai orang Kristen memiliki dua natur. Yang pertama adalah sifat alamiah kita yang berdosa, yang disebut daging, dan yang kedua adalah kehidupan baru yang Tuhan berikan kepada kita ketika kita menerima Kristus. Roh Kudus mengendalikan kehidupan baru ini.

Musuh ketiga adalah iblis, yang biasanya beroperasi melalui kelemahan yang dimiliki manusia. Pada awalnya, iblis akan mencoba merayu atau membujuk manusia untuk melakukan sesuatu yang bertentangan dengan Alkitab. Jika iblis berhasil menipu mereka, maka ia akan menempatkan mereka dalam belenggu dosa dan menjadikan mereka budak. Alasan lainnya adalah karena musuh tahu bahwa ia tidak dapat berperang melawan Tuhan, sehingga ia menunjukkan kemarahannya kepada anak-anak Allah. Tujuan utamanya adalah untuk membuat Yesus sedih. Ada suatu masa ketika saya sangat kecewa dalam hidup saya dan terus memohon belas kasihan Tuhan sampai saya melihat dalam sebuah penglihatan Tuhan memegang saya dengan tangan kanan-Nya dan mengangkat saya. Saya tersandung dan hampir jatuh ke tanah, tetapi Dia datang dan langsung memegang saya. Dia menghibur saya dengan berkata, "Aku akan menolongmu," dan saya melihat air mata-Nya keluar dari mata-Nya. Bahkan ketika saya tersandung, Tuhan menopang saya dengan tangan-Nya yang benar dan mengangkat saya. Ya, Yesus merasa sedih melihat anak-anak-Nya menderita di dunia ini, dan Dia menunggu perintah dari Bapa untuk datang kembali ke bumi untuk menyelamatkan mereka. Bersabarlah menantikan Tuhan. Pasti Tuhan Yesus akan datang kembali untuk menyelamatkan kita.

Saya pernah bermimpi di mana saya melihat diri saya berada di pengadilan. Sejujurnya, saya tidak tahu di mana pengadilan itu. Namun, saya melihat Yesus sebagai pembela saya dan Iblis sebagai penganiaya saya. Yesus telah melakukan yang terbaik untuk membebaskan saya dari semua tuduhan dan penganiayaan, namun saya terkejut mendapati diri saya masih memegang tangan penganiaya saya. Saya tidak tahu mengapa saya melakukan hal itu, tetapi sekarang saya tahu. Kita, sebagai orang Kristen, tidak dapat memiliki Allah dan pada saat yang sama memuaskan hawa nafsu atau keinginan kita dan hidup untuk dunia. Kita tidak bisa makan dari meja Tuhan dan meja setan. Siapa pun yang mengambil bagian dalam dunia ini adalah musuh Allah. Kita harus memilih. Saya sarankan Anda memilih Yesus karena Dia dapat memberi Anda hidup yang kekal. Pilihlah Tuhan saja, teman.

1 Yohanes 2:1 menyatakan, "Anak-anakku, hal-hal ini kutuliskan kepada kamu, supaya kamu jangan berbuat dosa, namun jika seorang berbuat dosa, kita mempunyai seorang pengantara pada Bapa, yaitu Yesus Kristus, yang adil." Berdasarkan ayat ini, saya memahami bahwa Yesus Kristus adalah pembela kita yang menjadi pengantara kita di hadapan Bapa. Dia adalah perwakilan hukum kita di hadapan Allah. Dan sebagai wakil sah kita, pekerjaan-Nya diperhitungkan sebagai pekerjaan kita, dan kematian-Nya diperhitungkan sebagai kematian kita. Yesus mati menggantikan kita untuk membayar hukuman atas dosa-dosa kita. Dan kemudian, pada hari ketiga, Dia bangkit dari kubur, mengalahkan dosa dan maut. Haleluya! Yesus menebus kita dari murka Allah. Melalui darah-Nya, Dia membeli penebusan kita dengan harga yang lebih tinggi.

1 Petrus 1:18-20 menyatakan:

18 Sebab kamu tahu, bahwa kamu telah ditebus dari cara hidupmu yang sia-sia yang kamu warisi dari nenek moyangmu itu bukan dengan barang yang fana, bukan pula dengan perak atau emas, 19 melainkan dengan darah yang mahal, yaitu darah Kristus yang sama seperti darah anak domba yang tak bernoda dan tak bercacat. 20 Ia telah dipilih sebelum dunia dijadikan, tetapi – karena kamu – Ia baru menyatakan diri-Nya pada zaman akhir.

Sejak Yesus mati untuk dosa-dosa kita, hidup kita bukan milik kita lagi. Hidup kita adalah milik-Nya. Ada tertulis dalam Galatia 2:20, "namun aku hidup, tetapi bukan lagi aku sendiri yang hidup, melainkan Kristus yang hidup di dalam aku. Dan hidupku yang kuhidupi sekarang di dalam daging, adalah hidup oleh iman dalam Anak Allah yang telah mengasihi aku dan menyerahkan diri-Nya untuk aku." Oleh karena itu, kita harus hidup untuk Tuhan saja dan menghormati Dia dengan tubuh kita. Kita harus berpikir secara berbeda. Kita harus menjadi pelaku

Firman Allah. Kita harus melepaskan tangan penganiaya kita, memegang tangan Juruselamat kita Yesus, dan berjalan bersama dengan-Nya.

Firman Tuhan

Firman Tuhan sangat berkuasa. Tuhan Yesus menggunakan kuasa firman untuk melawan iblis. Dia menerapkan prinsip ini berdasarkan otoritas-Nya. Dia juga memberi kita otoritas untuk menerapkan kuasa firman Tuhan. Ketika kita mengucapkan firman Allah dengan iman, kata-kata kita akan diambil oleh Roh Allah, dan menjadi strategi ilahi. Doa dan pengakuan terbuka akan firman Tuhan adalah dua senjata paling ampuh yang dimiliki orang percaya. Oleh karena itu, janganlah mencoba untuk mengabaikan kehidupan doa, dan kita harus selalu melatih iman kita dengan merenungkan firman Allah. Firman Tuhan itu seperti pedang, sebuah alat yang ampuh. Asahlah pedang Anda agar lebih tajam setiap hari. Ingatlah, Kristus telah memenangkan peperangan yang akan kita hadapi. Karena itu, janganlah takut. Tidak ada yang akan membahayakan kamu. (Lukas 10:19)

Musuh juga tahu bahwa kita adalah anak-anak Allah. Itu berarti kita adalah ancaman besar baginya, dan dia mungkin menyerang dengan berbagai cara. Namun, jika kita membaca firman Tuhan, merenungkan ayat Alkitab dengan sungguh-sungguh, dan tahu bagaimana menerapkannya dalam situasi kita, kita dapat membatalkan rencana jahat atau menyerang balik rencana musuh dalam nama Yesus. Sebagai contoh, katakanlah Anda merasa tergoda untuk makan saat berpuasa. Anda dapat mengucapkan firman Yesus yang mengatakan, "Manusia hidup bukan dari roti saja, tetapi dari setiap firman yang keluar dari mulut Allah." (Matius 4:4) Dengan mempraktikkan iman seperti ini, kita mendapatkan kekuatan untuk mengatakan tidak pada godaan, kejahatan, dan dosa. Lawanlah Iblis, maka ia akan lari dari padamu! (Yakobus 4:7) Haleluya! Segala kemuliaan bagi Tuhan kita Yesus Kristus!

Berhati-hatilah Dengan Apa yang Anda Ucapkan

Hidup dan mati dikuasai lidah. (Amsal 18:21)

Kita harus berhati-hati dengan apa yang kita ucapkan kepada diri kita sendiri dan juga kepada orang lain. Perkataan-perkataan yang kita katakan adalah roh dan hidup. (Baca Yohanes 6:63) Kadang-kadang kita mengatakan hal-hal yang kita sesali di kemudian hari. Tahukah Anda berapa banyak kesalahan atau kata-kata yang ceroboh yang menyebabkan orang meninggal, atau mengalami masalah, atau perpisahan dalam keluarga dan teman-teman? Kita perlu menjaga lidah kita. Kita harus sangat berhati-hati dengan kata-kata yang kita gunakan. Inilah alasan utama mengapa kita harus berlatih berdoa dengan pemahaman akan firman Tuhan dan kehendak-Nya. Dengan cara ini, kita tidak akan terjerat oleh mulut kita sendiri. Haleluya! Kita dapat yakin bahwa Allah mendengar doa-doa kita. Yesus mengajarkan kita bahwa perkataan kita melepaskan iman kita. Jika Anda percaya, Anda akan menerima apa pun yang Anda minta dalam doa. (Matius 21:22) Firman itu dekat Anda; ada di dalam mulut dan di dalam hati Anda. Itulah firman iman yang kita beritakan. (Baca Roma 10:8) Inilah firman iman. Kita dapat mengeluarkan iman dari dalam hati kita melalui perkataan kita. Tuhan berkata bahwa Dia siap sedia untuk melaksanakan Firman-Nya. (Baca Yeremia 1:12) Oleh karena itu, sangat penting untuk menambahkan firman Tuhan dalam doa-doa kita. Haleluya!

Percaya pada Kepemimpinan Roh Kudus

Bertahun-tahun yang lalu, di alam roh, saya melihat sebuah pohon yang dihuni oleh banyak burung hitam. Tetapi kemudian saya melihat banyak merpati putih hinggap di dahan-dahannya, dan burung-burung hitam itu tidak punya cara lain selain melarikan diri. Saya sampai pada pemahaman bahwa pohon dengan banyak burung hitam adalah tentang orang-orang yang masih hidup dalam kegelapan. Mereka masih hidup di jalan hidup yang lama. Mereka mati secara rohani, dan terang Kristus tidak menyertai mereka. Mereka perlu mengenal Yesus sebelum terlambat. Tetapi ketika saya melihat banyak merpati putih hinggap di pohon itu, itu adalah tentang kuasa Roh Kudus yang masuk ke dalam kehidupan seseorang. Kisah Para Rasul 2:38 menyatakan, Jawab Petrus kepada mereka: "Bertobatlah dan hendaklah kamu masing-masing memberi dirimu dibaptis dalam nama Yesus Kristus untuk pengampunan dosamu, maka kamu akan menerima karunia Roh Kudus."

Hal ini juga tertulis dalam 2 Korintus 5:17, "Jadi siapa yang ada di dalam Kristus, ia adalah ciptaan baru: yang lama sudah berlalu, sesungguhnya yang baru sudah datang." Ketika kuasa Roh Kudus masuk ke dalam hidup kita, roh jahat harus melarikan diri. Mereka tidak punya pilihan lain. Yang jahat harus pergi. Kita harus menjadi orang percaya yang telah dilahirkan kembali di dalam Kristus sebelum kita melakukan peperangan rohani. Kita sebagai orang percaya harus dipenuhi dengan

Roh Kudus. Kita harus menjalani kehidupan yang kudus dan percaya serta tunduk pada pimpinan Roh Kudus. Kita diperintahkan untuk berjalan di dalam Roh. Yesus mengusir setan melalui kuasa Roh Allah. (Baca Matius 12:28) Sumber kekuatan yang kita butuhkan adalah Roh Kudus dan Firman Allah. Iman kita meningkat ketika kita mengakui Firman Tuhan. Jika kita sungguh-sungguh ingin melihat terobosan besar dalam hidup kita, kita harus memiliki keduanya. Haleluya!

Biarkan Tuhan Yesus Memimpin Hidup Anda

Saya masih ingat ketika saya bermimpi beberapa tahun yang lalu di mana saya bergelantungan di puncak Gunung Tinggi, dan saya mencoba mendaki ke puncak gunung dengan kekuatan saya sendiri, tetapi saya tidak bisa melakukannya. Pemandangan danau api yang besar di dasar gunung membuat saya takut. Saya percaya alasan saya menerima mimpi ini adalah karena saya mencoba melarikan diri dari api neraka dengan kekuatan saya sendiri (dengan pekerjaan tangan saya). Saya mengabaikan kasih karunia Allah pada saat itu. Sekarang saya mengerti bahwa hanya Yesus yang dapat menolong saya keluar dari api neraka dan berada di puncak gunung.

Beberapa tahun yang lalu, saya menerima sebuah penglihatan di mana saya bertempur sendirian dengan musuh di zona perang. Saya menggunakan kekuatan saya sendiri untuk memenangkan pertempuran, tetapi saya terluka parah dalam penglihatan itu. Tetapi setelah saya membiarkan Tuhan Yesus memimpin dalam hidup saya, situasinya sangat berbeda. Saya menerima sebuah penglihatan di mana saya sedang menunggang kuda putih dan tiba-tiba Tuhan Yesus, yang juga menunggang kuda putih dari belakang, memimpin paling depan untuk berperang melawan musuh. Saya tidak dapat melihat wajah dan kuda mereka dengan jelas, tetapi saya dapat mengatakan bahwa itu adalah pasukan yang besar. Setelah saya menerima penglihatan ini, barulah saya menyadari bahwa ketika kita membiarkan Tuhan memimpin atau membiarkan Dia campur tangan dalam hidup kita, kita dapat mengalami gerakan tangan Tuhan dalam hidup kita.

Kita membutuhkan Tuhan untuk berjuang bagi pihak kita. Kita mengandalkan kekuatan-Nya. Tanpa Dia, kita tidak dapat melakukan apa pun. Alkitab mengatakan bahwa Tuhan itu pahlawan perang. (Keluaran 15:3) Dia akan berperang dalam semua peperangan kita. Dia akan mengarahkan kita dan memberikan kekuatan yang kita butuhkan. Kita bahkan dapat meminta Tuhan untuk mengirimkan malaikat-Nya untuk membantu kita atau berperang atas nama Yesus. Kemenangan adalah milik kita melalui Kristus Yesus. Haleluya! Segala kemuliaan bagi Tuhan kita Yesus Kristus!

Kuasa Nama "YESUS"

Jadi, apa yang membuat doa kita begitu berkuasa? Apakah rahasianya? Apakah otoritas ilahi yang begitu kuat? Jawabannya adalah nama Yesus. Nama Yesus adalah otoritas. Nama Yesus memiliki arti, "Tuhan adalah keselamatan." Yesus adalah juruselamat kita. Yeshua adalah nama Ibrani untuk Yesus. Nama Yeshua berasal dari bahasa Ibrani, yang berarti "menyelamatkan atau membebaskan." Tuhan kita menerima nama itu karena "Dialah yang akan menyelamatkan umat-Nya dari dosa mereka." (Baca Matius 1:21) Dia benar-benar menyelamatkan kita dengan menyucikan kita semua dengan darah penebusan-Nya sendiri. Kristus berasal dari kata Yunani, yang berarti "Yang Diurapi."

Dalam Yohanes 14:13-14, Yesus berkata, "Dan apa juga yang kamu minta dalam nama-Ku, Aku akan melakukannya, supaya Bapa dipermuliakan di dalam Anak. Jika kamu meminta sesuatu kepada-Ku dalam nama-Ku, Aku akan melakukannya." Allah mendengar doa-doa kita karena Yesus. Ketika kita berdoa dalam nama Yesus, hal itu menunjukkan bahwa kita datang dalam kebenaran Kristus, bukan kebenaran kita sendiri. Filipi 2:9-11 mengingatkan kita, "Itulah sebabnya Allah sangat meninggikan Dia dan mengaruniakan kepada-Nya nama di atas segala nama, supaya dalam nama Yesus bertekuk lutut segala yang ada di langit dan yang ada di atas bumi dan yang ada di bawah bumi, dan segala lidah mengaku: "Yesus Kristus adalah Tuhan," bagi kemuliaan Allah, Bapa!"

Hal ini juga tertulis dalam Efesus 1:20-21, "yang dikerjakan-Nya di dalam Kristus dengan membangkitkan Dia dari antara orang mati dan mendudukkan Dia di sebelah kanan-Nya di sorga, jauh lebih tinggi dari segala pemerintah dan penguasa dan kekuasaan dan kerajaan dan tiap-tiap nama yang dapat disebut, bukan hanya di dunia ini saja, melainkan juga di dunia yang akan datang." "'Dan keselamatan tidak ada di dalam siapa pun juga selain di dalam Dia, sebab di bawah kolong langit ini tidak ada nama lain yang diberikan kepada manusia yang olehnya kita dapat diselamatkan." (Kisah Para Rasul 4:12) Banyak pembebasan dan penyembuhan terjadi di dalam nama Yesus. Banyak kehidupan orang dipulihkan dalam nama Yesus. Banyak tanda, keajaiban, dan mukjizat terjadi di dalam nama Yesus. "Dan segala sesuatu yang kamu lakukan dengan perkataan atau perbuatan, lakukanlah semuanya itu dalam nama Tuhan Yesus, sambil mengucap syukur oleh Dia kepada Allah, Bapa kita." (Kolose 3:17) Oleh karena itu, dengan iman, kita harus bertindak dan menjalankan otoritas ilahi kita dengan mengikat aktivitas orang yang kuat dalam nama Yesus. Dengan melakukan hal ini, kita mengambil bagian dalam pekerjaan Mesias kita, Yesus, yang menghancurkan pekerjaan kegelapan. Haleluya! Segala kemuliaan bagi Tuhan Yesus!

Pentingnya Darah Yesus Dalam Kehidupan Kita

Hidup di dunia ini di hari-hari terakhir bagi anak-anak Allah mungkin tidak mudah. Sistem duniawi membutakan banyak orang Kristen. Selain itu, iblis akan terus berusaha untuk menindas anak-anak Allah dengan berbagai cara, dengan tujuan akhir untuk memperbudak mereka. Setan adalah komandan dari sejumlah besar setan yang menentang Allah. Alkitab mengatakan bahwa Setan datang mencuri dan membunuh dan membinasakan. (Yohanes 10:10) Alkitab juga menggambarkannya sebagai penipu, pembohong, pembunuh, penuduh, penggoda, penghasut, dan si jahat. Dia memiliki kerajaannya sendiri, tetapi tentu saja kita tahu bahwa kerajaannya hanya bersifat sementara.

Sebelum kita melangkah lebih jauh, saya ingin berbagi tentang mimpi saya di mana saya melihat sebuah tangan jelek yang mencoba mencuri sesuatu di rumah saya. Setelah mimpi ini, saya menghadapi banyak masalah: masalah keluarga, masalah keuangan, masalah di tempat kerja, dan masih banyak lagi. Dalam mimpi saya, saya melihat dua cermin dibersihkan. Saya tidak pernah tahu bahwa itu adalah pekerjaan musuh. Saya dan istri saya berjuang untuk memahami apa yang sedang terjadi. Istri saya tidak dapat mengambil cuti tanpa bayaran untuk menjaga anak saya, jadi saya harus mengambil cuti tanpa bayaran selama lebih dari satu tahun. Saya harus menjual dua mobil dan sepeda motor.

Kami menjadi tunawisma selama tiga hari, tetapi syukurlah kami masih mampu untuk tinggal di hotel murah dengan sedikit uang yang

yang kami miliki. Orang-orang tidak akan pernah mengerti apa yang kami alami saat itu. Perang itu nyata, dan ancaman itu nyata. Dalam beberapa bulan, tabungan kami hampir menjadi nol. Hati saya sangat hancur, dan istri saya terus menangis di samping putra kami. Saya tidak tahu apa yang terjadi. Saya bahkan tidak tahu banyak tentang peperangan rohani pada saat itu. Saya juga bermimpi melihat sebuah kota dihancurkan, dan iblis, yang mengenakan setelan hitam, masuk ke dalam sebuah limusin hitam dan melambaikan tangan ke arah saya, mengucapkan selamat tinggal. Hanya setelah menerima mimpi ini, saya baru menyadari bahwa itu adalah pekerjaan musuh. Kemudian saya melihat beberapa orang berkumpul di satu tempat mendengarkan pengkhotbah mengatakan sesuatu. Ketika saya mendengarkan pengkhotbah itu, saya mendengar dia berkata, "Aku akan membangun kota ini lagi!" Dalam mimpi itu, saya mendengar dengan jelas suaranya, dan nama pengkhotbah itu adalah Yesus! Segala kemuliaan bagi Tuhan kita Yesus Kristus!

Ketika Yesus menyatakan dalam mimpi itu, "Aku akan membangun kembali kota ini," hal ini mengingatkan kita pada kata-kata dalam Yehezkiel 36:33. Beginilah firman Tuhan Allah: Pada hari Aku mentahirkan kamu dari segala kesalahanmu, Aku akan membuat kota-kota didiami lagi dan reruntuhan-reruntuhan akan dibangun kembali.

Ayat ini memberi saya harapan baru. Yesus mengingatkan: "Berjaga-jagalah dan berdoalah, supaya kamu jangan jatuh ke dalam pencobaan: roh memang penurut, tetapi daging lemah." (Matius 26:41) Suatu hari, dengan beban di hati kami, saya dan istri saya terus berdoa dalam bahasa roh selama lebih dari satu jam. Kami benar-benar tidak tahu apa yang harus kami lakukan atau bagaimana cara keluar dari semua situasi sulit itu. Ketika kami terus berdoa dalam bahasa roh tanpa harapan apapun, saya mendengar sebuah suara yang keras, yang terdengar jelas di telinga kanan saya, berkata, "Tutupi setiap aspek kehidupanmu dengan darah Yesus, Matthew!" Sejak hari itu sampai sekarang, saya dan keluarga saya dengan rajin menutupi setiap aspek kehidupan kami dengan darah Yesus, dan kami telah mengalami banyak terobosan dalam hidup kami. Banyak kelepasan dan kesembuhan yang terjadi. Tentu saja, hal itu tidak terjadi dalam semalam, tetapi ketika kami terus mencari Tuhan dalam doa, kami dapat melihat sentuhan Tuhan dalam hidup kami. Haleluya! Tuhan adalah Allah yang penuh kasih.

Ada banyak berkat dan manfaat di bawah darah Yesus yang harus kita ketahui. Berikut adalah beberapa di antaranya: Kita menerima manfaat dari perjanjian yang baru melalui darah Yesus. (Matius 26:28) Kita diampuni oleh darah Yesus. (Ibrani 9:22) Kita diselamatkan oleh darah Yesus. (Efesus 1:7) Kita disucikan oleh darah Yesus. (Ibrani 9:22) Hati kita dibersihkan dan disucikan oleh darah Yesus dari hati nurani yang jahat. (Ibrani 10:22) Kita dikuduskan oleh darah Yesus. (Ibrani 10:10) Kita dibenarkan oleh darah Yesus. (Roma 5:9) Kita dilindungi oleh darah Yesus. (Keluaran 12:13) Kita dibebaskan oleh darah Yesus. (Zakharia 9:11) Kita disembuhkan oleh darah Yesus. (Imamat 17:11) Kita memiliki hidup yang kekal oleh darah Yesus. (Yohanes 6:55-59) Kita melepaskan suara darah untuk melawan setan-setan dan roh-roh jahat yang akan menuduh dan menghukum kita. (Ibrani 12:24) Kita mengalahkan iblis melalui darah Yesus. (Wahyu 12:11) Kita disempurnakan melalui darah perjanjian yang kekal. (Ibrani 13:20-21) Kita memiliki keberanian untuk masuk ke dalam tempat kudus melalui darah. (Ibrani 10:19) Kita menerima kelimpahan dan kemakmuran melalui darah Yesus. Kita menerima kepenuhan Roh Kudus dan pengurapan melalui darah Yesus. Haleluya!

Seorang Kristen yang bergantung pada Tuhan untuk perlindungan dalam hidup mereka harus benar-benar percaya pada kuasa darah Yesus. Kita harus mempraktikkan iman kita dengan mengaplikasikan darah tersebut melalui doa, mengikuti pimpinan Roh Kudus. Kita tidak boleh memberikan ruang kepada musuh. Masa-masa yang berbahaya ini mengharuskan kita untuk berjaga-jaga dan berdoa bagi keselamatan keluarga kita. Kita memiliki tanggung jawab untuk menjaga satu sama lain. Wahyu 12:12 mengatakan bahwa Iblis telah turun kepada penduduk bumi dan laut dengan geram yang dahsyat, karena ia tahu, bahwa waktunya sudah singkat. Namun kita tidak perlu khawatir karena dalam Wahyu 12:11 tertulis, "Dan mereka mengalahkan dia oleh darah Anak Domba dan oleh perkataan kesaksian mereka. Kerana mereka tidak mengasihi nyawa mereka sampai ke dalam maut." Oleh karena itu, kita dapat menghentikan Iblis dengan menyatakan kuasa darah Yesus untuk melawannya. Gunakan darah Yesus untuk mengejar musuh; lepaskan darah itu kepada musuh yang mencoba menuduh atau mengutuk Anda. Doa, ditambah dengan darah Yesus, akan memisahkan kita dari pekerjaan musuh dan memampukan kita untuk berjalan di jalan Tuhan dengan penuh keyakinan. Haleluya! Segala kemuliaan bagi Tuhan kita Yesus Kristus!

Musuh akan gemetar ketika berhadapan dengan darah Yesus. Tidak ada setan di bawah kolong langit ini yang dapat menolak darah Yesus. Oleh karena itu, teruslah menaruh kepercayaan Anda pada darah-Nya dan jangan lupa untuk memberikan kesaksian Anda tentang bagaimana Tuhan mengubahkan hidup Anda. Yesus adalah segalanya bagi kita. Dia adalah Tuhan, Juruselamat, Mesias, Penebus, Imam Besar, Penyembuh, Pemelihara, Pemberi rezeki, Pelindung, Sahabat, Kasih, Mempelai Pria, dll. Percayalah pada darah-Nya. Hanya melalui darah-Nya kita memiliki kehidupan baru dan kemenangan atas musuh-musuh kita. Haleluya! Segala kemuliaan bagi Tuhan kita Yesus Kristus!

Persiapan Untuk Peperangan Rohani

Pertama, kita harus bertobat dari dosa-dosa kita sebelum kita melakukan peperangan rohani. 1 Yohanes 1:9 memberi kita keyakinan bahwa jika kita mengaku dosa kita, maka Ia adalah setia dan adil, sehingga Ia akan mengampuni segala dosa kita dan menyucikan kita dari segala kejahatan. Ketika kita bertobat, kita mengambil kebenaran Kristus.

Kedua, sekuat apa pun badai yang menerpa, kita harus tetap teguh dalam iman. 2 Timotius 2:3 menyatakan, "Ikutlah menderita sebagai seorang prajurit yang baik dari Kristus Yesus." Juga tertulis dalam Matius 16:24, Lalu Yesus berkata kepada murid-murid-Nya: "Setiap orang yang mau mengikut Aku, ia harus menyangkal dirinya, memikul salibnya dan mengikut Aku." Berdasarkan kedua ayat ini, kita tahu bahwa untuk menjadi pengikut Yesus yang sejati, kita harus membayar harga dengan mengikut Yesus. "Berbahagialah orang yang bertahan dalam pencobaan, sebab apabila ia sudah tahan uji, ia akan menerima mahkota kehidupan yang dijanjikan Allah kepada barangsiapa yang mengasihi Dia." (Yakobus 1:12)

Ketiga, kita membutuhkan pengetahuan Tuhan untuk menghindari jebakan musuh. "Supaya Iblis jangan beroleh keuntungan atas kita, sebab kita tahu apa maksudnya." (2 Korintus 2:11) Segarkanlah pikiran Anda setiap hari dengan firman Tuhan!

Keempat, kita tidak boleh berkompromi dengan kejahatan dan dosa. Kita harus membenci kejahatan. (Baca Mazmur 97:10) Jauhi orang-orang yang mencoba membuat Anda berdosa. Berdirilah teguh dalam keputusan Anda untuk mengikut Kristus. Pertahankanlah itikad yang baik.

Kelima, kita harus memisahkan diri untuk tidak mengikuti pola gaya hidup duniawi. (Baca Roma 12:2). Alasan utamanya adalah karena musuh dapat menggunakan kelemahan Anda untuk menjatuhkan Anda. Jika Anda memberi jalan kepada mereka, Anda mungkin membuka pintu bagi musuh untuk menyerang Anda. Sebagai seorang prajurit Kristus, kita harus waspada dan memiliki pikiran yang sehat. (Baca 1 Petrus 5:8)

Keenam, selalu siap berperang; teruslah berperang sampai musuh dihancurkan. Ada tertulis dalam Mazmur 18:38, "Aku mengejar musuhku sampai kutangkap mereka, dan tidak berbalik sebelum mereka kuhabiskan." Kita harus terus menerus melatih iman kita dan siap untuk melawan jika kita diserang oleh musuh sampai mereka benar-benar dihancurkan. Kita tidak boleh memberi mereka kesempatan sama sekali.

Ketujuh, kita harus tahu bagaimana menggunakan otoritas dan kuasa yang telah diberikan kepada kita. (sebagai contoh: darah Yesus, nama Yesus, firman Allah, kuasa melalui Roh Kudus)

Kedelapan, kita harus tahu bagaimana cara mengenakan seluruh perlengkapan senjata Allah, yang akan kita bahas di bab selanjutnya. Haleluya! Segala kemuliaan bagi Tuhan kita Yesus Kristus!

Perlengkapan Senjata Lengkap Allah

Saya juga bermimpi beberapa bulan yang lalu, di mana saya melihat satu set lengkap baju besi di lantai. Saya merasa aneh. Kenapa? Setelah beberapa hari, seluruh keluarga jatuh sakit. Sekarang saya mengerti bahwa, sebagai prajurit Kristus, kita perlu mengenakan seluruh perlengkapan senjata Allah setiap hari. Kita harus dipersenjatai sepenuhnya. Suatu kali saya melihat Yesus di sisi kanan saya di puncak gunung, dan saya memegang busur dan anak panah. Kemudian saya melihat diri saya melepaskan anak panah langsung ke dada musuh yang ada di dasar gunung. Situasi ini sepertinya Yesus sedang membimbing saya untuk mengalahkan musuh saya. "Terpujilah TUHAN, gunung batuku, yang menjaga tanganku untuk bertempur, dan jari-jariku untuk berperang." (Mazmur 144:1) Dia memberi kita senjata, dan Dia menunjukkan kepada kita bagaimana cara menggunakannya dan mengajarkan kita apa strateginya. Senjata kita yang sah adalah senjata rohani.

Efesus 6:11-18 menyatakan :

11 Kenakanlah seluruh perlengkapan senjata Allah, supaya kamu dapat bertahan melawan tipu muslihat Iblis; 12 karena perjuangan kita bukanlah melawan darah dan daging, tetapi melawan pemerintah-pemerintah, melawan penguasa-penguasa, melawan penghulu-penghulu dunia yang gelap ini, melawan roh-roh jahat di udara. 13 Sebab itu ambillah seluruh perlengkapan senjata Allah, supaya kamu dapat mengadakan perlawanan pada hari yang jahat itu dan tetap berdiri, sesudah kamu menyelesaikan segala sesuatu.

14 Jadi berdirilah tegap, berikatpinggangkan kebenaran dan berbajuzirahkan keadilan, 15 kakimu berkasutkan kerelaan untuk memberitakan Injil damai sejahtera; 16 dalam segala keadaan pergunakanlah perisai iman, sebab dengan perisai itu kamu akan dapat memadamkan semua panah api dari si jahat, 17 dan terimalah ketopong keselamatan dan pedang Roh, yaitu firman Allah, 18 dalam segala doa dan permohonan. Berdoalah setiap waktu di dalam Roh dan berjaga-jagalah di dalam doamu itu dengan permohonan yang tak putus-putusnya untuk segala orang Kudus.

Efesus 6:11 mendorong kita untuk mengenakan seluruh perlengkapan senjata Allah supaya kita dapat berdiri teguh melawan taktik iblis. Alasan mengapa kita perlu mengenakan seluruh perlengkapan senjata Allah adalah karena Iblis adalah pemburu jiwa. Dia tidak pernah tidur. Dia akan terus menyerang anak-anak Tuhan dengan mengirimkan anggota gengnya. Tentara melakukan pekerjaan iblis. Kerajaan setan terdiri dari pemerintah-pemerintah, penguasa-penguasa, penghulu-penghulu dunia yang gelap, dan roh-roh jahat di tempat-tempat yang tinggi. Ada berbagai jenis setan dan berbagai tingkat kejahatan yang bekerja di bawahnya. Setiap berhala yang disembah manusia biasanya dikendalikan oleh kuasa-kuasa kegelapan spiritual. Sekarang Anda tahu mengapa kita harus menjauhi berhala, patung, atau gambar apa pun.

Efesus 6:12 mengingatkan kita bahwa perjuangan kita bukanlah melawan orang, perusahaan, atau pemerintah. Pertarungan yang sebenarnya adalah antara kita dan kekuatan gelap rohani. Paulus memanggil kita dalam Efesus 6:13 untuk mengenakan seluruh perlengkapan senjata Allah, melawan rencana musuh, dan mempertahankan iman kita sampai pada akhirnya, yang Allah sediakan melalui Anak-Nya Yesus. Kita harus bertarung dalam pertarungan yang baik.

Kita Harus Mengetahui Senjata Spiritual Kita

Berikatpinggangkan Kebenaran

Alkitab dengan jelas mengatakan bahwa kita sedang berperang melawan Iblis, yang berusaha menghancurkan kita. Oleh karena itu, kita harus belajar bagaimana mengenakan perlengkapan senjata Allah dan mengambil tindakan. Kita tidak boleh lupa untuk memperlengkapi diri kita dengan perlengkapan senjata Allah setiap hari dalam hidup kita. Paulus berkata dalam Efesus 6:14, "Jadi berdirilah tegap, berikatpinggangkan kebenaran." Jadi, apakah berikatpingganan kebenaran itu? Mengapa Paulus memulai dengan berikatpinggangkan kebenaran?

Ikat pinggang memainkan peran penting. Jika kita mempelajari ikat pinggang prajurit Romawi, kita akan tahu bahwa itu adalah perlengkapan penting yang harus selalu dikenakan selama jam kerja. Ikat pinggang adalah tempat prajurit Romawi menyimpan senjata mereka. Semua senjata dan perlengkapannya yang lain melekat pada ikat pinggang tersebut. Tanpa ikat pinggang, mereka tidak bisa membawa senjata. Seorang prajurit Romawi tanpa ikat pinggangnya sama sekali tidak berguna. Seorang polisi tanpa ikat pinggangnya akan sangat rentan. Ika pinggang juga memberikan keseimbangan bagi prajurit ketika mereka berjalan atau bertempur.

Paulus menggunakan kebenaran sebagai perbandingan dengan ikat pinggang prajurit Romawi. "Berikatpinggangkan kebenaran" spiritual adalah perlengkapan yang memperkuat dasar. Yesus berkata dalam doanya kepada Bapa, "Kuduskanlah mereka dalam kebenaran; firman-Mu adalah kebenaran." (Yohanes 17:17) Dari ayat ini, kita tahu bahwa firman Allah adalah kebenaran, dan kebenaran adalah firman Allah. Tanpa firman Tuhan, kita akan kehilangan keseimbangan dan menjadi sasaran empuk bagi musuh untuk mengalahkan kita. Yesus berkata, "Akulah jalan dan kebenaran dan hidup." (Yohanes 14:6) Itulah sebabnya kita harus mendekatkan diri kepada-Nya dengan mengenal firman-Nya, yaitu kebenaran. "Dan kamu akan mengetahui kebenaran, dan kebenaran itu akan memerdekakan kamu." (Yohanes 8:32)

2 Timotius 3:16 mengatakan, "Segala tulisan yang diilhamkan Allah memang bermanfaat untuk mengajar, untuk menyatakan kesalahan, untuk memperbaiki kelakuan dan untuk mendidik orang dalam kebenaran." Kita juga harus melatih iman kita dengan merenungkan firman Tuhan siang dan malam. Mazmur 1:2 menyatakan, "Tetapi yang kesukaannya ialah Taurat Tuhan, dan yang merenungkan Taurat itu siang dan malam." Setiap orang Kristen yang tidak memiliki ikat pinggang kebenaran dengan mudah jatuh ke dalam pencobaan, dan itu berbahaya. Hal ini dapat menimbulkan perasaan takut, kurangnya iman, keraguan, pertanyaan tentang iman mereka, dan rasa tersesat dengan cara mereka sendiri. Banyak orang yang tanpa sadar melayani ciptaan daripada Sang Pencipta karena kurangnya pengetahuan. "Umat-Ku binasa karena tidak mengenal Allah dan melupakan pengajaran Allahmu." (Hosea 4:6) Beberapa orang Kristen, meskipun mengetahui firman Tuhan, telah berkompromi dengan hal-hal yang bertentangan dengan firman Tuhan. Ini sama sekali tidak benar! Mereka perlu bertobat!

Iblis selalu ingin agar orang Kristen membuang ikat pinggang kebenaran sehingga kita mendengarkan kebohongannya. Banyak orang telah menjadi korban kebohongannya. Jangan percaya sama sekali. Kita semua perlu membaca firman Tuhan setiap hari jika kita sungguh-sungguh ingin berjalan bersama Yesus setiap hari. Kita perlu memahami firman Tuhan dan menjadi pelaku firman Tuhan. Kita juga perlu mengatakan kebenaran dalam hidup kita dan membagikan Injil Kristus kepada semua orang. Mazmur 119:11 menyatakan, "Dalam hatiku aku menyimpan janji-Mu, supaya aku jangan berdosa terhadap Engkau." Haleluya! Segala kemuliaan bagi Tuhan kita Yesus Kristus!

Berbajuzirahkan Keadilan

Sebagai orang Kristen, kita selalu berada dalam peperangan rohani. Peperangan kita bukanlah melawan manusia lain, tetapi melawan kekuatan gelap rohani di alam surgawi. Kita tidak menggunakan senjata fisik untuk berperang, melainkan senjata rohani. Efesus 6:14 menyatakan: berbajuzirahkan keadilan. Tidak dapat disangkal bahwa para prajurit perlu mengenakan pelindung dada ketika mereka pergi berperang. Senjata ini dapat melindungi organ-organ penting dalam tubuh dan diamankan dengan ikat pinggang juga. Pada masa itu, ini melindungi prajurit atau tentara dari pedang dan panah di medan perang. Bahkan kuda pun dilindungi dari pedang dan panah pada masa itu dengan penutup pelindung.

Paulus mengidentifikasi pentingnya memiliki senjata rohani yang diliputi kebenaran. Kebenaran, yang merupakan kekudusan Kristus yang sempurna, berasal dari Allah semata-mata. Kita tidak dapat menjadi benar dengan kekuatan kita sendiri. Baju zirah kebenaran pertama-tama adalah tentang kebenaran Kristus yang diperhitungkan kepada kita. Kebenaran ini, kekudusan dan kesempurnaan Allah, datang kepada kita melalui kematian dan kebangkitan Yesus di kayu salib. Karena itu, Dia menawarkan pelindungan kebenaran untuk menghalangi serangan iblis terhadap hati dan jiwa kita. Haleluya! Tuhan itu begitu baik. Kedua, ini adalah tentang cara berpikir kita terhadap kebenaran dan bagaimana kita berjalan di dalamnya.

Sebagai pengikut Kristus, kita harus selalu mengenakan perlengkapan senjata. Kita harus secara teratur membaca kitab suci dan menghabiskan waktu bersama Tuhan. Kita harus secara konsisten mengenakan baju zirah kebenaran dan menguatkannya dengan ikat pinggang kebenaran, yaitu firman Allah. Kita juga dapat menggunakan baju zirah kebenaran ini ketika kita menghadapi pencobaan. Alkitab memperingatkan kita untuk melawan iblis, dan ia akan lari dari kita. (Yakobus 4:7) Baju zirah ini juga melindungi hati kita dari tipu daya iblis. Ini akan membantu kita menghindari kematian rohani. Manfaat lainnya adalah kita akan memiliki kekuatan untuk menghindari apa pun yang mengarah kepada dosa. Matius 6:33 mengajarkan kita: Tetapi carilah dahulu Kerajaan Allah dan kebenarannya, maka semuanya itu akan ditambahkan kepadamu. "Berbahagialah orang yang lapar dan haus akan kebenaran, karena mereka akan dipuaskan." (Matius 5:6)

Injil Damai Sejahtera

Betapa indahnya kelihatan dari puncak bukit-bukit kedatangan pembawa berita, yang mengabarkan berita damai dan memberitakan kabar baik, yang mengabarkan berita selamat dan berkata kepada Sion: "Allahmu itu Raja!" (Yesaya 52:7)

Paulus mengatakan kepada kita dalam Efesus 6:15, untuk berdiri teguh dengan kaki yang telah dilengkapi dengan kesiapan yang berasal dari Injil Damai Sejahtera. Injil menandakan kabar baik, yang menekankan pengorbanan yang dilakukan Yesus di kayu salib untuk keselamatan kita. Injil adalah tentang pengampunan dosa dan jalan masuk kepada Allah melalui iman kepada Kristus Yesus. Salah satu cara yang digunakan musuh untuk menyerang anak-anak Allah adalah dengan mencobai mereka dengan kekuatiran. Jika kita membawa kekhawatiran atau kecemasan dalam hidup kita, kita tidak dapat menemukan kedamaian di dalam hati kita. Namun, Injil damai sejahtera dapat menjaga kestabilan kita. Sepatu damai memperlengkapi kita untuk bertempur dalam peperangan rohani dengan penuh percaya diri. Sungguh, setiap kali saya berkhotbah atau membagikan Injil damai sejahtera, hal itu membawa banyak kedamaian dalam pikiran dan hati saya.

Kita semua, sebagai orang Kristen, harus membagikan Injil kepada orang lain demi kemuliaan Tuhan. Kerajaan Allah sudah dekat. Alkitab mengatakan bahwa Injil harus diberitakan ke seluruh dunia; maka kesudahannya akan tiba. Raja di atas segala raja akan datang; Tuan di atas segala tuan akan datang. Tuhan Yesus Kristus akan datang. Kita harus mengenakan sepatu ini setiap saat untuk memenangkan lebih banyak jiwa bagi Tuhan. Orang Kristen harus selalu bersiap untuk membagikan Injil kapan saja, di mana saja. Kita juga harus sangat berhati-hati dengan orang-orang yang memberitakan Injil palsu. Jangan mengikuti mereka yang memberitakan Injil yang salah. Jauhi mereka. Ikuti Injil yang benar. Injil yang benar penuh dengan kuasa Allah untuk menyelamatkan manusia dari dosa dan neraka. Semua ini untuk kemuliaan Tuhan kita Yesus Kristus. Haleluya.

Perisai Iman

Suatu hari ketika saya sedang berdoa bersama keluarga saya, saya melihat di alam roh bahwa musuh-musuh sedang berusaha untuk menghentikan kami berdoa. Kemudian, dengan segera, kami memulai peperangan rohani kami. Saya melihat api datang kepada saya dari segala arah. Terima kasih Tuhan! Dan semua tembakan yang mengarah ke saya tidak dapat menembus perisai saya. Saya menggunakan perisai untuk melindungi diri saya dari api musuh. Anehnya, meskipun musuh melepaskan tembakan ke arah saya dari berbagai sudut, perisai saya mencegahnya dan melewatinya. Sambil berlari, saya menggunakan perisai untuk melindungi diri saya dari tembakan musuh. Kemudian saya membalas tembakan musuh hanya dengan mengucapkan kata "Api! Api!" Saya berseru, menyebabkan musuh melarikan diri dari saya. Haleluya! Kemudian, saya melihat di alam spiritual bahwa medan perang telah menjadi jelas, dan saya mendapatkan kembali kedamaian yang saya butuhkan untuk melanjutkan doa pagi bersama keluarga saya. Haleluya!

Ada tertulis dalam Efesus 6:16, "Dalam segala keadaan pergunakanlah perisai iman, sebab dengan perisai itu kamu akan dapat memadamkan semua panah api dari si jahat." Paulus menyuruh kita untuk mengambil perisai iman untuk memadamkan semua panah api dari si jahat. Saya menyadari bahwa perisai yang saya pegang di tangan saya di alam roh adalah perisai iman. Peperangan rohani itu nyata. Apa yang terjadi di alam roh akan berdampak pada kehidupan fisik ini. Perisai iman bersifat defensif. Dalam segala hal yang kita lakukan, kita harus membawa perisai iman ini. Selalu berprasangka baik kepada Tuhan. Percayalah kepada Tuhan. Tetapi tanpa iman tidak mungkin orang berkenan kepada Allah. (Ibrani 11:6)

Jika kita memiliki iman yang baik kepada Kristus, iman itu dapat menjaga kita selama pencobaan. Kita dapat berdiri teguh pada apa yang kita percayai. Iman kita juga dapat mengalahkan rasa takut, cemas, atau keraguan dalam hidup kita. Kita dapat menggunakan perisai iman untuk melawan semua serangan. Ketika kita memiliki iman yang tak tergoyahkan di dalam Kristus, kita tidak dapat dihentikan karena kita adalah prajurit-Nya. Kita berperang melawan musuh karena kita memiliki iman kepada Kristus. Yesaya 41:10 berkata, "Janganlah takut, sebab Aku menyertai engkau, janganlah bimbang, sebab Aku ini Allahmu; Aku akan meneguhkan, bahkan akan menolong engkau; Aku akan memegang engkau dengan tangan kanan-Ku yang membawa kemenangan."

Saat ini, banyak orang hidup dalam ketakutan, dan beberapa orang merasa cemas dan ragu akan banyak hal, terutama iman mereka sendiri. Lebih jauh lagi, ada banyak penipuan dan kejahatan yang terjadi di dunia saat ini. Kita hidup di masa yang berbahaya. Ini karena akhir zaman sudah dekat. Di hari-hari terakhir ini, kita perlu berpegang pada iman kita. Iman adalah keyakinan akan apa yang kita harapkan dan kepastian akan apa yang tidak kita lihat. (Baca Ibrani 11:1) Sebagai contoh: Kita harus percaya bahwa Allah itu ada. Dia adalah pencipta langit dan bumi. Dia mengutus putra-Nya Yesus untuk mati bagi dosa-dosa kita sehingga kita dapat memiliki hidup yang kekal. "Sebab hidup kami ini adalah hidup karena percaya, bukan karena melihat." (2 Korintus 5:7)

Pada masa itu, selama perang, biasanya para prajurit akan membakar anak panah sebagai taktik perang. Satu-satunya cara untuk melindungi tubuh adalah dengan memiliki perisai sepanjang pintu. Seorang prajurit

Romawi menggunakan perisai untuk perlindungan. Diikatkan pada satu lengan, perisai bisa menangkis serangan kapan saja. Anda juga dapat menggunakannya sebagai senjata ofensif untuk menjatuhkan musuh secara paksa. Sama seperti prajurit Romawi, menggunakan perisai untuk melindungi sebagian besar bagian tubuh mereka. Kita juga perlu menggunakan perisai iman, yang dapat melindungi hati kita. Perisai ini dapat melindungi kita dari dampak pukulan berapi-api dari iblis. Banyak yang mengatakan kepada kita bahwa panah-panah tersebut dapat berupa rasa takut, cemas, keraguan, dan hal-hal yang tidak penting. Tidak peduli anak panah apa yang akan digunakan iblis untuk menyerang, kita dapat menggunakan perisai iman untuk melindungi diri kita dari rencana jahat mereka. Haleluya! Segala kemuliaan bagi Tuhan kita Yesus Kristus!

Ketopong Keselamatan

Efesus 6:17 memerintahkan kita untuk "Dan terimalah ketopong keselamatan dan pedang Roh, yaitu firman Allah," Ketopong atau helm dirancang untuk melindungi kepala kita. Bagi para prajurit Romawi, helm berfungsi sebagai pelindung kepala dan juga tanda pengenal. Namun, ketopong rohani memainkan peran yang sangat penting dalam melindungi pikiran, yang merupakan sumber dari keputusan dan tanggapan kita. Biasanya, musuh menargetkan pikiran terlebih dahulu, karena ia tahu bahwa jika ia dapat mempengaruhi pikiran kita, maka ia juga dapat mempengaruhi tindakan kita. Musuh akan selalu berusaha untuk menanamkan banyak pikiran negatif dan keraguan dalam pikiran orang percaya. Orang yang merasa ragu akan keselamatannya dengan mudah jatuh ke dalam pencobaan dan meninggalkan imannya.

Ada tertulis dalam Roma 12:2, "Janganlah kamu menjadi serupa dengan dunia ini, tetapi berubahlah oleh pembaharuan budimu, sehingga kamu dapat membedakan manakah kehendak Allah: apa yang baik, yang berkenan kepada Allah dan yang sempurna." Sebagai orang Kristen, kita memahami bahwa pikiran berfungsi sebagai arena utama dalam peperangan rohani. Keselamatan dari Tuhan harus menjaga pikiran kita. Kita perlu menyegarkan ingatan kita dengan firman Tuhan setiap hari. Kita harus selalu percaya pada janji-janji Tuhan kepada kita. Kita harus selalu ingat bahwa kita adalah anak-anak Allah, dan Roh Kudus ada di dalam diri kita untuk menolong dan membimbing kita. Dengan cara ini, kita dapat berjalan dengan penuh keyakinan di dalam keselamatan Tuhan. Kita akan selalu percaya pada kasih karunia Tuhan dalam hidup kita.

Tuhan tidak akan pernah meninggalkan kita dan tidak akan pernah meninggalkan kita. Dia akan selalu menyertai kita. Kita dapat menjadi persembahan yang hidup, yang kudus dan yang berkenan kepada Allah, seperti yang tertulis dalam Roma 12:1. Haleluya! Segala kemuliaan bagi Tuhan kita Yesus Kristus!

Pedang Roh

Pernah suatu kali saya melihat dalam mimpi saya, terdapat pedang panjang, pisau panjang, pisau pendek, dan seterusnya di atas kepala saya. Ketika saya terbangun, saya merasa aneh karena biasanya saya hanya meletakkan Alkitab dan buku-buku doa di atas kepala atau di samping saya setiap kali saya tidur. Saya bertanya-tanya mengapa saya menerima mimpi itu. Namun kemudian, saya menemukan bahwa pedang yang saya impikan mungkin mengacu pada pedang roh, yaitu firman Tuhan. Ada tertulis dalam Efesus 6:17, "Dan terimalah ketopong keselamatan dan pedang Roh, yaitu firman Allah." Juga tertulis dalam Ibrani 4:12, "Sebab firman Allah hidup dan kuat dan lebih tajam dari pada pedang bermata dua mana pun; ia menusuk amat dalam sampai memisahkan jiwa dan roh, sendi-sendi dan sumsum; ia sanggup membedakan pertimbangan dan pikiran hati kita."

Setelah mimpi ini, saya mengerti bahwa sangat penting untuk membaca Firman Tuhan (Alkitab). Setiap orang Kristen harus mengetahui firman Tuhan. Firman Tuhan adalah senjata yang sangat ampuh. Oleh karena itu, kita harus mengenal dan memahami firman Tuhan, menjadi pelaku firman Tuhan, dipenuhi dengan firman Tuhan, dan menggunakannya secara otoritatif dalam peperangan rohani. Ingatlah, firman Tuhan adalah kebenaran, dan kita dapat mengandalkan janji-janji-Nya di dalamnya. Roh Kudus akan mengajar kita bagaimana menggunakannya dengan benar. Kita harus mempelajari Pedang (Alkitab) setiap hari. Kita juga dapat menggunakannya untuk bertahan. Firman Tuhan dapat melindungi kita dari tipu daya musuh. Ketika kita mengenal firman Tuhan, kita dapat membedakan mana yang benar dan mana yang salah. Dengan demikian, kita tidak akan tersesat untuk mencapai Tuhan.

Berdoa dalam Roh Setiap Waktu

Efesus 6:18 menyatakan, "Berdoalah setiap waktu di dalam Roh." Dengan mengingat hal ini, berjaga-jagalah dan teruslah berdoa untuk semua umat Tuhan. Sangat jelas bahwa kita harus selalu bertekun dalam doa dan tidak boleh lupa untuk berdoa bagi orang lain juga. Musuh mungkin mencoba untuk menghentikan anak-anak Allah untuk berdoa. Dia mungkin menggunakan banyak cara untuk menghentikan doa karena dia tahu kekuatannya. Doa dapat menguatkan hubungan kita dengan Allah dan menjauhkan kita dari kejahatan dan dosa. Doa memampukan Allah untuk menjawab permintaan atau permohonan kita. Dengan perlengkapan senjata Allah ditambah doa, kita dapat menyingkirkan pekerjaan musuh dari hidup kita dalam nama Yesus. Haleluya! Tapi ingat, kita tidak boleh memulai doa kita dengan membicarakan masalah yang sedang kita hadapi karena hal itu akan membuat kita menjadi khawatir. Kekhawatiran dapat menjadi benteng pertahanan setan. Bersyukurlah terlebih dahulu kepada Tuhan, pujilah Dia, dan muliakanlah Dia, lalu ketika sampai pada permohonan, ungkapkanlah iman Anda kepada-Nya bahwa Dia akan menjawab semua doa Anda. Tambahkan ayat-ayat Tuhan dalam doa Anda dan biarkan Roh Kudus menuntun Anda. Salah satu kuncinya adalah bersyukur kepada-Nya terlebih dahulu, bahkan sebelum Anda melihatnya dengan mata kepala sendiri. Ini menunjukkan iman Anda kepada Kristus Yesus.

Kita adalah terang di dalam dunia yang gelap ini. Kita harus menyadari betapa bencinya musuh melihat anak-anak Allah. Musuh tidak akan pernah berhenti menyerang anak-anak Allah. Setelah satu pertempuran selesai, akan ada pertempuran lain yang harus dilawan oleh orang-orang percaya. Kita dapat menyatakan bahwa orang-orang percaya akan terus terlibat dalam peperangan sampai kedatangan Tuhan Yesus kembali ke bumi. Oleh karena itu, kita perlu bersabar dalam segala hal, melatih iman kita, mengenakan seluruh perlengkapan senjata Allah setiap saat, dan siap untuk berperang dalam peperangan rohani. Kadang-kadang harus bangun di tengah malam dan bertempur di medan perang. Sebagai contoh, suatu pagi, saya terbangun secara tiba-tiba, dan saya ingat perkataan tentang kejahatan. Saya menyadari bahwa Roh Kudus sedang memberikan peringatan kepada saya. Saya tahu secara spontan bahwa ada tamu tak terduga yang mencoba menyerang. Saya mengenakan seluruh perlengkapan senjata Allah, dan dengan pertolongan Allah, saya mengikat dan melemparkan musuh ke dalam api neraka. Sangatlah penting untuk mengetahui firman Tuhan dan mempercayai pimpinan Roh Kudus. Ketika kita memiliki firman Tuhan dan kuasa Roh Kudus, ditambah doa, tahu bagaimana memuji dan menyembah Tuhan, menaati Kristus, dan percaya pada darah Kristus, dan membagikan firman kesaksian kita, kita dapat bertempur dengan penuh percaya diri di medan perang. Kita aman di dalam tangan Tuhan.

Mengikat atau Melepaskan

Yesus menyatakan: Aku berkata kepadamu: Sesungguhnya apa yang kamu ikat di dunia ini akan terikat di sorga dan apa yang kamu lepaskan di dunia ini akan terlepas di sorga. (Matius 18:18) Petrus diberitahu bahwa ia akan memiliki kunci Kerajaan Sorga. (Matius 16:19) Kunci tersebut melambangkan otoritas. Mengikat berarti membatasi, menghentikan, atau menahan. Melepaskan berarti melepaskan atau membuka. Yesus memberi murid-murid-Nya kuasa dan otoritas atas semua roh-roh jahat. (Baca Matius 10:1) Orang-orang percaya seperti kita juga dapat menggunakan otoritas ini melalui doa dan mengucapkan firman Tuhan. Doa dan mengucapkan firman Tuhan dari mulut kita adalah dua cara kita menggunakan otoritas ini. Kita dapat mengikat pekerjaan-pekerjaan kegelapan. Kita juga dapat melepaskan diri kita sendiri dan orang lain dari pekerjaan kegelapan.

Kita memiliki kuasa untuk menginjak ular dan kalajengking. (Baca Lukas 10:19) Juga tertulis dalam Mazmur 91:10-11, "malapetaka tidak akan menimpa kamu, dan tulah tidak akan mendekat kepada kemahmu; Sebab malaikat-malaikat-Nya akan diperintahkan-Nya kepadamu untuk menjaga engkau di segala jalanmu." Hidup kita tersembunyi bersama Kristus di dalam Allah. (Baca Kolose 3:3) Kebenarannya adalah Tuhan Yesus telah memenangkan peperangan bagi kita - Dia telah memenangkan kemenangan, dan sekarang tugas kita sebagai gereja di bumi adalah mempertahankan kemenangan Kristus. Yesus berkata, "Aku telah mengalahkan dunia." (Yohanes 16:33) Semua ayat-ayat tersebut adalah bukti bahwa kita tidak sendirian dalam medan perang kehidupan. Tuhan Yesus berjanji tidak akan ada yang menyakiti kita. Bukankah ini kabar baik bagi semua orang yang percaya kepada Yesus untuk berperang dengan baik melawan pekerjaan musuh-musuh jiwa kita? Tidak ada yang dapat menyakiti kita. Kita menang di dalam Kristus Yesus. Kita semua harus memiliki pola pikiran sebagai seorang pemenang di dalam Kristus Yesus.

Saya masih ingat ketika saya menjalani pelatihan militer di akademi. Tahukah Anda bahwa saya harus tidur dengan sepatu bot karena sirene atau alarm akan membangunkan kami di malam hari? Jika kami terlambat datang ke barisan, pelatih akan menghukum dan memarahi seluruh anggota tim. Hal yang sama juga berlaku: kita harus selalu siap untuk terlibat dalam peperangan rohani. Kita dapat mempertahankan diri kita ketika diserang oleh musuh dan menyerang balik dengan menggunakan firman Tuhan bersama dengan kuasa Roh Kudus. Jangan berikan kesempatan sama sekali kepada musuh. Itulah karakter yang harus kita miliki sebagai seorang prajurit Kristus.

1 Petrus 5:8 memperingatkan kita untuk waspada dan memiliki pikiran yang sehat. "Sadarlah dan berjaga-jagalah! Lawanmu, si Iblis, berjalan keliling sama seperti singa yang mengaum-aum dan mencari orang yang dapat ditelannya." Saya dengan berani menyatakan bahwa iblis adalah seorang manipulator ulung. Ia datang untuk mencuri, membunuh, dan membinasakan. Dia biasa menjebak anak-anak Allah dengan berbagai cara. Dia datang untuk menghancurkan kehidupan manusia. Karena tipu dayanya, banyak orang masih hidup di bawah belenggu kejahatan dan dosa. Banyak yang binasa dalam dosa-dosa mereka dan menderita dalam api neraka. Setan melakukan segala upaya untuk menyeret sebanyak mungkin jiwa ke dalam neraka. Dia tahu waktunya sudah dekat. Jangan pernah sama sekali. Kita harus berjuang dengan penuh keyakinan di dalam nama Tuhan. Jika kita tidak berjuang, musuh akan mencoba menghancurkan kita. Kita tidak punya banyak pilihan. Yesus tahu tentang hal ini; itulah sebabnya Ia mendorong

murid-murid-Nya untuk mengikat atau melepaskan dalam nama-Nya. Kita tidak perlu takut untuk melakukan peperangan rohani, karena Yesus datang untuk membinasakan perbuatan-perbuatan iblis. (Baca 1 Yohanes 3:8) Yesus adalah Tuhan atas segala bala tentara. Kita bahkan dapat meminta Tuhan untuk mengirimkan malaikat-malaikat-Nya untuk terlibat dalam semua peperangan kita melawan pemerintah-pemerintah dan penguasa-penguasa. Kita harus selalu ingat, "Roh yang ada di dalam kita, lebih besar dari pada roh yang ada di dalam dunia." (1 Yohanes 4:4) Ingatlah, perlindungan yang Tuhan berikan kepada kita lebih besar daripada dia yang melawan kita. Haleluya! Segala kemuliaan bagi Tuhan kita Yesus Kristus!

Percaya Diri Dalam Tuhan

Ketika kita memiliki strategi yang tepat untuk memerangi musuh, kita dapat dengan yakin mengklaim kemenangan. Tahukah Anda bahwa Tuhan Yesus telah memenangkan medan perang ketika kita memasukinya? Yesus telah mengalahkan dosa dan maut. Darah-Nya memberi kita penebusan dari api yang kekal dan memberi kita kemenangan. Kita lebih dari pada orang-orang yang menang, oleh Dia yang telah mengasihi kita. (Roma 8:37) Kemenangan adalah milik Tuhan. Dan kita harus mulai dengan pola pikiran kemenangan dan berjuang melawan musuh. Tuan kita adalah Yesus Kristus. Kita harus mengambil tempat dalam nama Yesus. Peperangan adalah milik Tuhan. Tuhan akan berperang untuk kita. "Sebab Tuhan, Allahmu, Dialah yang berjalan menyertai kamu untuk berperang bagimu melawan musuhmu, dengan maksud memberikan kemenangan kepadamu." (Ulangan 20:4) Karena kita adalah milik-Nya, kita adalah bagian dari-Nya. Kita berada dalam peperangan ini bersama-sama. Kita juga memiliki peran yang harus kita mainkan dengan mengucapkan doa-doa peperangan rohani. Segala perkara dapat kutanggung di dalam Dia yang memberi kekuatan kepadaku. (Filipi 4:13) Mazmur 98:1 menyatakan, "Sebab Ia telah melakukan perbuatan-perbuatan yang ajaib; keselamatan telah dikerjakan kepada-Nya oleh tangan kanan-Nya, oleh lengan-Nya yang kudus." 1 Korintus 15:57 juga menegaskan, "Tetapi syukur kepada Allah, yang telah memberikan kepada kita kemenangan oleh Yesus Kristus, Tuhan kita." Jangan khawatirkan apa pun; serahkan saja semua beban Anda kepada-Nya. Apapun badai yang Anda hadapi dalam hidup Anda,

Dia akan memeliharanya. Jika Allah di pihak kita, siapakah yang akan melawan kita? (Roma 8:31) Dia akan menjadikan segala sesuatu baru bagi kita. Percayalah akan hal ini. Haleluya! Segala kemuliaan bagi Tuhan kita Yesus Kristus!

Salibkan Dagingmu!

Ketika saya masih muda, saya sering mendapat penglihatan tentang diri saya disalibkan di kayu salib. Dan kadang-kadang saya mendengar sebuah suara yang berkata, “Salibkan dagingmu! Salibkan dagingmu!” Saya tidak tahu apa-apa tentang hal ini sebelumnya, tetapi sekarang saya mengerti. Kita perlu menyalibkan keinginan kita. Hanya ketika daging kita tunduk pada manusia roh kita, dan roh kita tunduk pada Roh Kudus, barulah kita dapat mengalahkan daging. Seperti yang saya lihat di alam roh, manusia roh saya bertarung, meninju, menendang, dan mendorong daging dari gunung yang tinggi; dengan cara yang sama kita semua harus menendang semua kebiasaan buruk dan pola dosa kita. Kita harus menjadikan Yesus sebagai teladan dan mengikuti jejak-Nya. Haleluya! Segala kemuliaan bagi Tuhan Yesus!

SAAT INI, ORANG MENGHABISKAN lebih banyak waktu di gym atau di taman untuk merawat tubuh mereka. Mereka biasa melakukan banyak olahraga untuk menjaga tubuh mereka tetap sehat. Ya, tentu saja, itu adalah hal yang baik dan benar untuk dilakukan, tetapi pada saat yang sama, kita sebagai orang Kristen harus mengingat pentingnya memperkuat manusia batiniah. Ada tertulis dalam 1 Timotius 4:8, “Latihan badani terbatas gunanya, tetapi ibadah itu berguna dalam segala hal, karena mengandung janji, baik untuk hidup ini maupun untuk hidup yang akan datang.” 'Manusia batiniah' mengacu pada sisi rohani kita-jiwa dan roh. Ada tertulis dalam Efesus 3:16, “Aku berdoa supaya Ia, menurut kekayaan kemuliaan-Nya, menguatkan dan meneguhkan kamu oleh Roh-Nya di dalam batinmu."

Saya mengerti sekarang bahwa orang Kristen harus terus menerus makan makanan rohani - firman Tuhan. Kita mendapatkan kekuatan rohani di dalam batin kita ketika kita terus menerus membaca firman Tuhan, merenungkan ayat-ayat Alkitab siang dan malam, menyoroti ayat tersebut dan mempelajarinya, menghafalkan ayat-ayat tersebut, dan menerapkan firman Tuhan dalam hidup kita Jadi, iman timbul dari pendengaran, dan pendengaran oleh firman Kristus. (Roma 10:17)

Doa, ditambah dengan pengakuan akan firman Tuhan, juga dapat menguatkan manusia batiniah kita. Kita harus selalu berpikiran doa. Kita harus tekun berdoa untuk diri kita sendiri dan orang lain. Jika kita mau menghabiskan lebih banyak waktu dengan Tuhan dan menantikan-Nya dengan sabar dan dalam keadaan diam, kita mungkin akan mendengar Tuhan berbicara kepada kita. Berdoa di dalam Roh juga dapat menguatkan manusia batiniah kita. Kita, sebagai orang percaya, perlu membiarkan Roh Kudus memimpin hidup kita. Manusia rohani adalah manusia yang memiliki karakter yang dipimpin oleh Roh Kudus dan menghasilkan buah-buah Roh. (Galatia 5:22-23) Ketika kita terus hidup dalam kekudusan dan menghasilkan buah-buah Roh, maka akan sulit bagi kedagingan untuk mengalahkan Roh.

Tentu saja, kita sebagai manusia terkadang melakukan kesalahan tanpa disadari, tetapi kita harus segera bertobat dan terus berjalan di dalam Roh. Dengan cara ini, manusia batiniah kita dapat dihidupkan kembali dan diberi energi. Kita juga harus mengarahkan pikiran kita kepada perkara yang di atas, bukan yang di bumi seperti yang tertulis dalam Kolose 3:1-2. 1 Petrus 2:11 mengatakan, "Jauhkanlah diri dari keinginan-keinginan daging yang berjuang melawan jiwa." Galatia 5:16 menyatakan, "Hiduplah oleh Roh, maka kamu tidak akan menuruti keinginan daging."

Ada banyak berkat dari bergabung dalam kebaktian Penyembahan, kelompok Doa, kelompok Sel, atau kelas Alkitab yang tidak disadari oleh banyak orang. Persekutuan dengan saudara dan saudari kita di dalam Kristus juga dapat menguatkan manusia batiniah kita. Kita dapat bertumbuh secara rohani di dalam Kristus. Kita juga dapat berdoa dan menghibur satu sama lain dengan firman Tuhan. Kita harus belajar untuk berkata 'TIDAK' terhadap kejahatan dan dosa. Kita harus memiliki disiplin diri dan pengendalian diri dalam hidup kita sehingga kita tidak jatuh ke dalam dosa dan melemahkan manusia batiniah.

Sekarang saya mengerti bahwa daging dan Roh tidak akan pernah berhenti berperang satu sama lain. Mereka saling bertentangan satu sama lain. Itulah yang kita semua alami setiap hari. Daging tidak pernah berhenti berusaha untuk memuaskan hawa nafsu dan keinginannya sampai akhir. Sementara Roh tidak akan pernah berhenti menyenangkan dan mendekatkan diri kepada Tuhan. Alkitab dengan jelas mengatakan bahwa jika kita hidup menurut daging, kita akan mati, tetapi jika menurut Roh, kita akan hidup. Peperangan yang paling penting bagi kita, orang Kristen, adalah mengalahkan kedagingan. Kedagingan ingin berbuat dosa. Kita harus menyangkal diri, memikul salib, dan mengikut Yesus. (Matius 16:24). Haleluya! Segala kemuliaan bagi Allah!

Kesaksian saya adalah ini: Saya menyadari bahwa saya tidak dapat mengatasi kelemahan saya dengan kekuatan saya. Hanya Tuhan yang dapat menolong saya, dan kasih karunia-Nya adalah yang saya butuhkan. Tuhan adalah benteng hidupku. (Mazmur 27:1) Ia adalah perisai bagi orang-orang yang berlindung pada-Nya. (Amsal 30:5) Dia akan memberikan kekuatan yang kita butuhkan untuk mengatasi kelemahan kita. Kita bahkan dapat menghindari kecanduan, kejahatan, dan dosa ketika kita terus memandang kepada Yesus dan berjalan bersama-Nya melalui kuasa Roh Kudus. Saya masih ingat hari ketika saya memilih untuk berhenti merokok. Saya sangat ingin merokok sehingga saya membeli sebatang rokok dan memasukkan sebatang ke dalam mulut saya. Namun, saya berseru kepada Tuhan untuk meminta pertolongan karena hati saya tidak dapat menahannya. Akhirnya, saya mendapatkan kekuatan untuk membuang rokok itu. Haleluya! Segala perkara dapat kutanggung di dalam Dia yang memberi kekuatan kepadaku. (Filipi 4:13) Saya percaya bahwa melalui kuasa Roh Kuduslah saya dapat menghentikan kebiasaan merokok saya. Seperti yang dinyatakan dalam Zakharia 4:6, "Bukan dengan keperkasaan dan bukan dengan kekuatan, melainkan dengan roh-Ku." Haleluya! Segala kemuliaan bagi Tuhan!

Pembebasan

1) Banyak remaja Kristen yang tidak tahu apa arti dari hawa nafsu. Hawa nafsu dapat berhubungan dengan keinginan yang kuat untuk melakukan percabulan atau penyembahan berhala. Dalam Matius 5:28, "Tetapi Aku berkata kepadamu: Setiap orang yang memandang perempuan serta menginginkannya, sudah berzinah dengan dia di dalam hatinya." Setiap aktivitas seksual kecuali pernikahan dianggap sebagai dosa seksual. Misalnya, menonton pornografi, membaca cerita seks, majalah porno, masturbasi, percabulan, perzinahan, poligami, pemerkosaan, inses, homoseksualitas, lesbianisme, bestialitas, pelacuran, aktivitas seksual kafir, dan lain-lain. Dalam Efesus 5:3, "Tetapi percabulan dan rupa-rupa kecemaran atau keserakahan disebut saja pun jangan di antara kamu, sebagaimana sepatutnya bagi orang-orang kudus."

Saya belajar bahwa mata adalah jendela jiwa kita. Sebagai anak-anak Allah, kita harus sangat berhati-hati dengan apa yang kita lihat, dengar, pikirkan, dan lakukan, serta dengan siapa kita bergaul dan menerima teman. Terkadang, teman yang buruk dapat menyebabkan banyak masalah juga. Saya menyadari bahwa bagi seorang pemuda atau pemudi untuk hidup dalam kesucian adalah dengan hidup sesuai dengan firman Tuhan. (Mazmur 119:9) Sangatlah penting untuk membaca Alkitab setiap hari. Alkitab mengajarkan kita dalam 1 Petrus 1:16, sebab ada tertulis: "Kuduslah kamu, sebab Aku kudus." Kunci untuk menghindari dosa seksual:

- Jangan pernah berzinah, bahkan dalam hati dan pikiran Anda. Jangan berikan tempat bagi kenajisan seksual dalam pikiran, pikiran jahat, imajinasi jahat, hasrat jahat, suara-suara jahat, dan suara-suara negatif sama sekali.

- Jangan ambil bagian dalam aktivitas seksual ilegal sama sekali karena itu adalah dosa. Hindari percakapan yang jahat, teman yang tidak baik, membaca majalah yang kotor, dan menonton film yang kotor dan film yang beradegan seksual. Menonton semua hal tersebut tidak ada artinya dan hanya akan menimbulkan kehampaan.

- Selalu menyibukkan diri dengan kegiatan-kegiatan yang positif. Selalu sadar. Jangan minum terlalu banyak anggur. Anda akan menjadi orang yang bahagia, orang yang menyenangkan.

2) Suatu hari, saya bermimpi berada di dalam gua, dengan pemandangan yang menakutkan. Pada awalnya, saya tercengang dengan apa yang saya lakukan di sana. Tempat itu seperti sangkar penjara bagi saya. Lalu, tiba-tiba, entah dari mana, saya melihat seekor monster datang ke arah saya dan mencoba menyerang saya. Monster itu ingin memeluk saya. Sepertinya monster itu ingin mengurung saya, tetapi saya mendorongnya. Saya mencoba mencari cara untuk melarikan diri tetapi tidak bisa melihat pintu keluar. Bayangkan terjebak di dalam gua di mana Anda tidak bisa melihat pintu atau jendela untuk melarikan diri. Saya sangat cemas dan takut pada saat yang bersamaan. Saya tidak tahu apa yang harus saya lakukan, tetapi akhirnya, saya melihat sebuah lubang di atas dari tempat saya berdiri, dan saya bisa melihat cahaya kecil melalui lubang tersebut. Saya mencoba memanjat ke atas, tetapi monster itu terus menarik kaki saya ke bawah, dan saya terus menendangnya lagi dan lagi, dan kemudian saya merasakan cahaya kecil itu membesar, dan situasinya tampak seperti Yesus menghulurkan tangan-Nya kepada saya sehingga saya bisa keluar dari gua yang mengerikan itu. Akhirnya, saya terangkat dan keluar dari gua itu. Saya dapat melarikan diri melalui lubang di dalam gua. Haleluya! Saya bersyukur kepada Tuhan untuk itu.

Itu adalah mimpi yang menakutkan, dan saya mengerti bahwa saya menerima mimpi ini karena saya masih melayani berhala pada saat itu. Jadi, itu adalah mimpi peringatan bagi saya untuk bertobat. Puji Tuhan, saya bertobat dari dosa penyembahan berhala dan tidak pernah menoleh ke belakang sejak saat itu. Alkitab dengan jelas memperingatkan bahwa penyembah berhala tidak akan pernah masuk ke dalam Kerajaan Allah. (1 Korintus 6:9) Janganlah kamu tertipu pada saat-saat terakhir ini. Siapa pun yang mencintai seseorang atau sesuatu lebih dari Tuhan telah melakukan penyembahan berhala, dan mereka harus bertobat. Jika mereka menolak untuk bertobat, itu berarti neraka adalah tempat mereka selamanya. Yesus berkata, "Akulah pintu; barangsiapa masuk melalui Aku, ia akan selamat dan ia akan masuk dan keluar dan menemukan padang rumput. Pencuri datang hanya untuk mencuri dan membunuh dan membinasakan; Aku datang, supaya mereka mempunyai hidup, dan mempunyainya dalam segala kelimpahan." (Yohanes 10:9-10) Haleluya! Segala kemuliaan bagi Tuhan Yesus Kristus!

3) Pada usia dua puluh delapan tahun, saya bekerja sebagai petugas penegak hukum untuk salah satu badan pemerintah di distrik lain. Saya mulai bergaul dengan teman yang tidak baik. Hal ini membuat saya memiliki kehidupan sosial dan kecanduan rokok dan alkohol. Saya biasa menghabiskan malam saya di pub setiap minggu, dan kebiasaan saya minum alkohol menjadi sangat ekstrem sehingga saya sampai pada situasi di mana saya tidak bisa berhenti minum alkohol sampai pagi hari, dan akhirnya, saya menyerah dan berseru kepada Yesus. Saya bermimpi tentang banyak orang yang berjalan di sepanjang jembatan yang panjang dan lebar. Saya berjalan bersama mereka, dan kemudian saya melihat seorang malaikat yang gagah perkasa memegang pedang panjang, memanggil saya untuk maju ke depan dan menemuinya. Ketika saya berdiri di hadapannya, dia berkata kepada saya, "Matthew, kamu seharusnya tidak berada di sini. Kembalilah." Seketika itu juga, saya berada di dalam tubuh saya, terbangun, dan rasa bersalah yang berat akan dosa muncul di dalam hati saya.

Suatu kali, di bawah pengaruh alkohol, saya mengalami kecelakaan setelah kembali dari pub. Syukurlah kami bisa menyelesaikan masalah ini di luar pengadilan. Momen yang paling membuat frustrasi adalah ketika saya bertengkar teruk dengan anggota keluarga saya, dan pada saat itu, saya berada di bawah pengaruh alkohol. Tidak peduli siapa yang salah atau betul di sini; minum alkohol terlalu banyak dapat membahayakan nyawa. Banyak anak muda yang jatuh ke dalam dosa kecanduan karena teman yang buruk atau kesepian. Mereka mencoba mengisi kekosongan dengan mencoba hal-hal baru yang membuat mereka merasa hebat, tetapi perlahan-lahan hal itu membunuh mereka seiring berjalannya waktu. Saran saya untuk mereka adalah untuk mengasihi Tuhan dengan segenap hati mereka lebih dari apa pun.

Alkitab memperingatkan kita dalam Efesus 5:18, "Dan janganlah kamu mabuk oleh anggur, karena anggur menimbulkan hawa nafsu, tetapi hendaklah kamu penuh dengan Roh." Kita, sebagai orang Kristen, harus hidup dengan benar di hadapan Tuhan. Kita harus menolak dan jauhan diri dari segala jenis kejahatan seperti yang tertulis dalam 1 Tesalonika 5:22. Dalam hidup, kita perlu memiliki pengendalian diri. Pengendalian diri adalah salah satu buah Roh Kudus. Hal ini membantu kita untuk melawan godaan dan menghindari penyesuaian diri dengan hal-hal duniawi. Oleh karena itu, mintalah kepada Tuhan buah Roh dalam hidup Anda - buah pengendalian diri. Dia pasti akan menolong Anda.

4) Istri saya, Mary, berasal dari latar belakang Hindu. Keluarganya sangat berkomitmen pada agama Hindu. Dia masih percaya pada kepercayaan lamanya setelah menikah. Suatu hari, saya mengikutinya ke kuil, dan musuh menyerang saya. Saya harus berdoa untuk pembebasan diri untuk mengusir musuh. Firman Tuhan mengajarkan kita untuk "melawan iblis, maka ia akan lari dari padamu." Sebagai seorang pengikut Yesus Kristus, saya sekarang menyadari bahwa saya tidak boleh masuk ke dalam tempat ibadah agama lain/kuil penyembah berhala sama sekali. Musuh sedang menunggu kesempatan untuk melahap orang yang diinginkannya. Terima kasih Tuhan karena telah membuka hati Mary Joanne untuk menerima Yesus sebagai Tuhan dan Juruselamatnya. Dia menerima Yesus karena Tuhan telah menyembuhkannya dari

penyakitnya dan menjawab doanya mengenai pindahan pekerjaan saya untuk kembali ke kampung halaman kami.

5) Setelah beberapa tahun menikah, pada usia tiga puluh delapan tahun, saya dan istri saya menghadapi kesulitan keuangan, yang membuat kami menjadi peminjam dan sangat terpukul. Saya bermimpi bahwa Tuhan Yesus berkata bahwa Dia akan membangun kota ini kembali. Mary dan saya terus berdoa agar terbebas dari semua hutang keuangan. Dimulai dengan negosiasi, saya telah melihat bagaimana Tuhan Yesus menyelesaikan semua masalah kami. Kami mengatur untuk membayar sedikit demi sedikit dengan lembaga keuangan, yang kami pinjam. Kami berterima kasih, Tuhan Yesus, karena telah memberi kami hikmat untuk menyelesaikan masalah keuangan kami. Kami bertobat dari kebiasaan meminjam dan membelanjakan uang untuk hal-hal yang tidak perlu. Dalam Ibrani 13:5, "Janganlah kamu menjadi hamba uang dan cukupkanlah dirimu dengan apa yang ada padamu. Karena Allah telah berfirman: "Aku sekali-kali tidak akan membiarkan engkau dan Aku sekali-kali tidak akan meninggalkan engkau."

Penyembuhan

Suatu hari saya merasa tidak enak badan, jadi saya mengambil cuti dan beristirahat di rumah orang tua saya. Sambil berbaring di sofa dengan tiga tempat duduk, saya memohon belas kasihan Tuhan dan memohon agar Tuhan menolong saya. Saya melihat seseorang dari alam roh, berpakaian putih lengkap, menutupi kepalanya dengan selendang doa putih, memasuki rumah melalui pintu utama. Kemudian dia berlutut di samping saya dan berdoa untuk saya sambil memandang ke atas. Pada saat itu, demam saya turun drastis. Orang tua saya tetap membawa saya ke rumah sakit, dan setelah tiga hari, saya dilepaskan. Puji Tuhan!!! Terima kasih, Tuhan Yesus!!! Tuhan Yesus melakukan kehendak Bapa-Nya dengan cara yang sangat luar biasa. Saya sangat terkagum melihat kasih Allah di dalam Kristus Yesus. Dia adalah Tuhan yang melakukan mukjizat dalam kehidupan anak-anak-Nya. Dia tidak berhenti di kayu salib, tetapi terus menyelamatkan hidup manusia melalui kuasa Roh Kudus hingga hari ini. Terpujilah Allah Israel!!!

Ada juga cara-cara lain Tuhan menyembuhkan: Penyembuhan melalui minyak urapan (Markus 6:13), dengan iman (Markus 11:24), dengan mematahkan kutuk (Galatia 3:13), karunia kesembuhan (1 Korintus 12:9, 28), dengan berpuasa (Yesaya 58:6), dan dengan kain (Kisah Para Rasul 19:12). Kesembuhan adalah salah satu cara Allah menunjukkan kasih-Nya yang luar biasa melalui putra-Nya, Yesus. Dia membebaskan manusia dari belenggu dosa, kejahatan, penyakit, penyakit, dan penindasan setan. Dan ada tertulis dalam Yesaya 53:5, "Oleh bilur-bilurnya kita menjadi sembuh" Dan dalam Matius 8:17, "Ia memikul kelemahan kita dan menanggung penyakit kita." Kedua ayat ini menegaskan bahwa Yesus telah menanggung kesedihan dan penderitaan kita dengan menanggung semua penyakit dan kesakitan kita. Tuhan telah membuktikan bahwa Dia adalah penyembuh yang hebat dalam Mazmur 103:3, "yang menyembuhkan segala penyakit kita." Segala puji bagi Allah Israel!!! Segala puji bagi Yehuwa Rapha, penyembuh kita yang agung!!! Percayalah kepada Allah kita, saudara dan saudari terkasih di dalam Kristus. Ia tidak akan pernah mengecewakan kita.

Keajaiban

Pada pertengahan tahun 2013, saya dan istri saya melakukan perjalanan liburan. Ketika kami sedang mengobrol, tanpa disangka-sangka saya bernubuat tentang kelahiran putra pertama saya. Saya masih ingat mendengar sebuah suara yang mengatakan bahwa saya akan memiliki seorang putra bernama Ezekial. Ajaibnya, kami benar-benar dikaruniakan seorang bayi laki-laki yang lahir pada tahun 2014, dan kami menamainya Ezekial. Puji Tuhan!

Sekarang kami memiliki dua anak, dan yang kedua adalah seorang anak perempuan bernama Eliana Carmella Ashira. Kelahirannya benar-benar tidak terduga. Selama pemindaian tujuh bulan, dokter mengkonfirmasi jenis kelamin bayi sebagai laki-laki, membuat kami membeli semua barang yang diperlukan untuk keperluan bayi. Namun, ketika istri saya melahirkan, bayinya ternyata perempuan. Kami sangat terkejut!!! Namun, kami bersyukur kepada Tuhan karena telah memberkati kami dengan seorang anak laki-laki dan seorang anak perempuan. Puji Tuhan!!! Hal ini mengingatkan saya pada satu ayat dari Tuhan dalam Amsal 16:33: "Undi dibuang di pangkuan, tetapi setiap keputusannya berasal dari pada Tuhan." Ketika Tuhan membuat keputusan-Nya tentang hal-hal yang akan terjadi, kita akan mendapatkan apa yang kita inginkan dari Tuhan. Kita harus sangat mempercayai Tuhan. Puji Tuhan!!! Segala kemuliaan bagi Tuhan!!!

Penakluk

Menurut kamus Merriam-Webster, seorang pemenang adalah orang yang mengatasi sesuatu - orang yang berhasil menangani atau mendapatkan kendali atas suatu masalah atau kesulitan. Kita mungkin sering mendengar cerita tentang orang-orang yang berhasil mengatasi kesulitan dalam hidup mereka. Ada yang berhasil mengatasi penyakit kronis, ada juga yang berhasil mengatasi kesulitan keuangan. Beberapa orang bangkit dari kemiskinan untuk menjadi individu yang sukses dan menjalankan perusahaan besar, sementara yang lain mungkin menjadi sangat kaya dan mencapai tingkat pendidikan tertinggi dalam hidup mereka. Banyak juga yang berbagi kisah pribadi mereka dalam mengatasi kecanduan, di antara pencapaian-pencapaian lainnya.

Namun, tahukah Anda bagaimana menjadi seorang pemenang di jalan Kristus? Yesus memotivasi umat-Nya untuk bersabar dalam menghadapi segala rintangan. Yesus tahu penganiayaan atau tantangan seperti apa yang akan dihadapi oleh anak-anak-Nya di dunia ini. Kita dapat melihat sekarang bahwa peristiwa-peristiwa dalam Matius 24 terjadi di seluruh dunia, dan nubuat-nubuat dalam kitab Wahyu digenapi satu per satu di zaman kita. Orang-orang Kristen di seluruh dunia - maksud saya, anak-anak Allah yang sejati - menghadapi banyak penganiayaan, kesengsaraan, tekanan, tantangan, kesulitan, dan kesusahan dalam kehidupan mereka sehari-hari. Penganiayaan terhadap orang Kristen juga terus meningkat. Semua masalah, situasi, dan keadaan meruntuhkan iman anak-anak Tuhan. Setiap hari, beban itu menjadi begitu berat bagi kita. Namun, dalam kitab Wahyu di Alkitab menyatakan bahawa Yesus juga menjanjikan upah yang besar bagi orang yang menang. Di antaranya:

Barangsiapa menang, dia akan Kuberi makan dari pohon kehidupan yang ada di Taman Firdaus Allah. (Wahyu 2:7)

Barangsiapa menang, ia tidak akan menderita apa-apa oleh kematian yang kedua. (Wahyu 2:11)

Barangsiapa menang, kepadanya akan Kuberikan dari manna yang tersembunyi; dan Aku akan mengaruniakan kepadanya batu putih, yang di atasnya tertulis nama baru, yang tidak diketahui oleh siapa pun, selain oleh yang menerimanya. (Wahyu 2:17)

Dan barangsiapa menang dan melakukan pekerjaan-Ku sampai kesudahannya, kepadanya akan Kukaruniakan kuasa atas bangsa-bangsa. (Wahyu 2:26)

Barangsiapa menang, ia akan dikenakan pakaian putih yang demikian; Aku tidak akan menghapus namanya dari kitab kehidupan, melainkan Aku akan mengaku namanya di hadapan Bapa-Ku dan di hadapan para malaikat-Nya. (Wahyu 3:5)

Barangsiapa menang, ia akan Kujadikan sokoguru di dalam Bait Suci Allah-Ku, dan ia tidak akan keluar lagi dari situ; dan padanya akan Kutuliskan nama Allah-Ku, nama kota Allah-Ku, yaitu Yerusalem baru, yang turun dari sorga dari Allah-Ku, dan nama-Ku yang baru. (Wahyu 3:12)

Barangsiapa menang, ia akan Kududukkan bersama-sama dengan Aku di atas takhta-Ku, sebagaimana Aku pun telah menang dan duduk bersama-sama dengan Bapa-Ku di atas takhta-Nya. (Wahyu 3:21)

Wahyu 21:7 mengatakan bahwa "Barangsiapa menang, ia akan memperoleh semuanya ini, dan Aku akan menjadi Allahnya dan ia akan menjadi anak-Ku."

Dari semua ayat-ayat ini, kita tahu bahwa Tuhan mengharapkan kita untuk menjadi pemenang. Yesus berkata dalam Yohanes 16:33, "Semuanya itu Kukatakan kepadamu, supaya kamu beroleh damai sejahtera dalam Aku. Dalam dunia kamu menderita penganiayaan, tetapi kuatkanlah hatimu, Aku telah mengalahkan dunia." Berdasarkan ayat ini, dapat dipahami bahwa Yesus telah mengalahkan segala sesuatu, dan Dia telah memberikan kemenangan yang kita butuhkan. Orang Kristen adalah para pemenang karena Kristus telah mengalahkan segala sesuatu, bukan karena diri kita sendiri. Tuhan telah menempatkan segala sesuatu di bawah kaki kita dan menjadikan kita pemenang di dunia ini. Haleluya!

Saya mengerti sekarang bahwa menang bukan hanya tentang mencapai tujuan, tetapi kita harus tetap memiliki iman yang baik kepada Kristus. "Sebab semua yang lahir dari Allah, mengalahkan dunia. Dan inilah kemenangan yang mengalahkan dunia: iman kita." (1 Yohanes 5:4) Kita juga harus bertekun dalam pencobaan sampai akhir. Kita harus tahu siapa kita di dalam Kristus Yesus. Kita harus memiliki hubungan yang lebih dekat dengan Tuhan. Kita harus mempelajari firman Tuhan dan menjadi pelaku firman Tuhan. "Setiap orang yang mendengar perkataan-Ku ini dan melakukannya, ia sama dengan orang yang bijaksana, yang mendirikan rumahnya di atas batu. (Matius 7:24) Kita tidak boleh menyerah.

Kita harus percaya kepada keselamatan dari Allah dalam hidup kita melalui darah anak-Nya, Yesus. Darah Anak Domba telah membasuh semua dosa kita. Yesus memperoleh kemenangan melalui kematian dan kebangkitan-Nya. Kita memiliki kemenangan melalui Kristus. (1 Korintus 15:57) Kita dibenarkan oleh Allah di dalam Kristus. (2 Korintus 5:21) Kita lebih dari pada orang-orang yang menang, oleh Dia yang telah mengasihi kita. (Roma 8:37) Kita adalah orang-orang yang berkemenangan oleh Kristus Yesus. Wahyu 12:11 menyatakan, "Dan mereka mengalahkan dia oleh darah Anak Domba, dan oleh perkataan kesaksian mereka. Karena mereka tidak mengasihi nyawa mereka sampai ke dalam maut." Haleluya!

Kita juga harus tahu bagaimana menggunakan otoritas kita untuk mengalahkan kejahatan. Sesungguhnya Aku telah memberikan kuasa kepada kamu untuk menginjak ular dan kalajengking dan kuasa untuk menahan kekuatan musuh, sehingga tidak ada yang akan membahayakan kamu. (Lukas 10:19) "Kepadamu akan Kuberikan kunci Kerajaan Sorga. Apa yang kauikat di dunia ini akan terikat di sorga dan apa yang kaulepaskan di dunia ini akan terlepas di sorga." (Matius 16:19)

Beberapa tahun yang lalu, saya bermimpi bahwa saya sedang berjalan di jalan yang panjang dan melihat badai petir yang sangat besar yang sangat cepat di depan saya. Badai itu mengepung saya hingga saya tidak bisa bergerak satu inci pun ke depan, dan guntur terus menyambar ke mana-mana. Saya tidak bisa mundur, ke kanan atau ke kiri, dan bencana itu seakan-akan menyerang dan menjebak saya. Saya terjebak di sana, tidak yakin tindakan apa yang harus saya lakukan pada saat itu.

Ketika saya terus memikirkan jalan keluar, saya melihat bayangan seorang pria mendekat ke arah saya, dan saya langsung mengenalinya. Dia adalah Tuhan Yesus Kristus yang saya kasihi. Dia datang ke arah saya dan dengan lembut menggendong saya di bawah lengan-Nya dengan senyuman di wajah-Nya. Saya melihat tubuh fisik saya berubah menjadi seorang anak laki-laki berusia tujuh tahun, tampaknya, dan Tuhan membantu saya melewati badai. Hati saya sangat senang ketika Tuhan Yesus menyelamatkan saya dari bencana itu. Suatu kali, sewaktu sesi doa, terlintas di benak saya untuk bertanya kepada Tuhan mengapa Dia tersenyum kepada saya ketika Dia menyelamatkan saya dalam mimpi itu. Anehnya, saya mendengar suara kecil di dalam hati saya berkata, "Aku mengasihimu, Matthew, dengan kasih yang kekal." Kata-kata-Nya sangat menyentuh saya. Ketika saya membaca dan merenungkan Yeremia 31:3, saya terkejut bahwa ayat-ayat tersebut terlihat mirip dengan kata-kata yang pernah diucapkan Yesus kepada saya. Sekarang saya dapat dengan yakin menyatakan bahwa Tuhan Yesuslah yang telah membimbing saya melalui semua tantangan dalam hidup saya. Apapun situasi yang Anda hadapi saat ini, selalu ada jalan di dalam Kristus Yesus bagi Anda untuk keluar dari semua kekhawatiran, masalah, situasi, dan keadaan Anda. Tuhan Yesus adalah gembala kita yang baik, dan kita adalah domba-domba kesayangan-Nya. Dia adalah tuan kita yang baik, dan kita adalah hamba-hamba-Nya yang terkasih. Kita hanya perlu hidup sesuai dengan kehendak-Nya. Kita tidak perlu lagi hidup dalam ketakutan dan dosa. Kita memiliki Kristus, yang sangat mengasihi dan memperhatikan kita. Tuhan akan selalu melindungi kita. Tuhan akan menolong kita menjadi pemenang. Kita hanya perlu menaruh kepercayaan kepada-Nya. Dia akan memelihara segala sesuatu. Haleluya! Segala kemuliaan bagi Allah, Bapa, Anak dan Roh Kudus! Maranatha! Datanglah, Tuhan Yesus!

Membagikan Kristus Kepada Semua Orang

Setelah diselamatkan oleh kasih karunia melalui iman kepada Kristus Yesus, dibasuh dengan darah Anak Domba, dan dididik oleh Roh Kudus, kita semua memiliki tugas untuk memperingatkan orang lain, terutama tentang kerajaan Allah yang semakin dekat, mendesak mereka untuk bertobat dari dosa-dosa mereka dan hidup benar di hadapan Tuhan. Bayangkan saja jika ada seseorang yang ingin bunuh diri di stasiun kereta api dan Anda berdiri di sana. Apakah Anda hanya ingin melihat orang tersebut tertabrak kereta api, atau Anda akan pergi dan menolongnya meskipun Anda tidak mengenalnya?

Contoh lain adalah jika Anda melihat seseorang yang Anda cintai (keluarga, kerabat, atau teman) berbaris di gunung yang tinggi untuk melompat ke sungai api di dasar gunung. Apakah Anda akan mendorong mereka kembali, memperingatkan mereka untuk tidak melakukannya, atau Anda akan membiarkan mereka melompat satu per satu ke dalam api tersebut?

Pernahkah Anda bermimpi tentang keluarga dan kerabat Anda berada di dalam bus menuju Sorga, tetapi seseorang membunyikan bel dan turun, dan Anda melihat mereka? Apa yang akan Anda lakukan?

Bayangkan sebuah keadaan di mana Anda melihat kawanan domba dengan sukacita berjalan bersama Gembala yang Baik, dan kemudian Anda melihat beberapa ekor kambing berkeliaran di luar kandang. Anehnya, Anda memperhatikan nama-nama kambing ini, dan mereka adalah orang-orang yang Anda kenal. Saya yakin Anda akan menyelamatkan mereka dengan sebaik-baiknya. Dengan cara yang sama, kita harus membagikan Kristus kepada semua orang sebelum semuanya terlambat.

1 Kolose 1:28 dengan jelas menjelaskan kepada kita bahwa "Dialah yang kami beritakan, apabila tiap-tiap orang kami nasihati dan tiap-tiap orang kami ajari dalam segala hikmat, untuk memimpin tiap-tiap orang kepada kesempurnaan dalam Kristus." Sebelum pintu kasih karunia ditutup, kita semua perlu membagikan Kristus Yesus kepada semua orang. Akhir zaman sudah dekat, teman. Kita semua harus bersiap-siap menyambut kedatangan Tuhan Yesus Kristus.

Akhir

www.ingramcontent.com/pod-product-compliance
Lightning Source LLC
LaVergne TN
LVHW050952051026
849532LV00005B/1810
* 9 7 9 8 2 3 1 9 0 5 5 7 7 *